기도,
되기

새로운 삶의 기후를 향한 기도 순례

기도, 되기

kmc

● ● ●   차례

프롤로그   기도가 되다 · 6

PART 1. 여정

우리는 좋은 나무일까? · 17
기도할 결심 · 24
기도인 듯 기도 아닌 · 30
머무름, 기도를 치료하다 · 37
침묵은 소리의 부재가 아니었다 · 44

PART 2. 발견

간구인가, 기도인가? · 53
엄마의 기도 · 61
살려고 했어요 · 69
기도의 신대륙 · 77

PART 3 예수기도

올레길을 걸으며 · 87
예수의 이름을 부르는 기도 · 94
예수기도의 여러 방법 · 101
젊은 순례자의 기도 · 108
이 죄인을 불쌍히 여기소서 · 115

PART 4. 향심기도

기독교적인 너무나 기독교적인 • 127
순수한 믿음의 길 • 135
순수한 기도 • 142
관계의 기도 • 149
향심기도 어떻게 하나? (1) • 156
향심기도 어떻게 하나? (2) • 163
생각 다스리기 • 170

PART 5. 현존기도

기도의 두 유형 • 179
현존인지감수성 (1) • 187
현존인지감수성 (2) • 195
현존기도 • 203
현존기도의 여러 방법 • 215
현존과 승복 • 222

에필로그　아포파시스의 길 • 230

프롤로그

기도가 되다

기도 순례를 하며 여기저기 찾아다니던 시절, 5박 6일 동안 피정에 참여한 적이 있다. 나흘째 되던 날, 오전 강의가 끝나고 침묵 속에서 기도할 때였다. 강의실을 가득 채운 고요를 가르며 나지막한 소리가 들렸다. 2차 세계대전 당시 9만 2천여 명의 어린이와 여성이 죽은, 라벤스부르크 처형장에서 발견되었다는 기도문을 피정 지도자가 읽고 있었다.

주님,
좋은 뜻을 지닌 사람들만 기억하지 마시고
악의를 품고 있는 사람들도 기억하소서.
그들이 저희에게 준 고통만을 기억하지 마시고,
그 고통으로 인해 저희가 얻게 된 열매인
우정과 충성심, 겸손함과 용기, 관대함
그리고 이 모든 고통을 통해 성장한

저희 마음의 위대함도 생각하소서.

그리하여 마지막 심판 날에 저희가 맺은 이 모든 열매가

저희에게 고통을 준 그 사람들을 위한

용서의 제물이 되게 하소서.

아름다웠다. 자신에게 위해를 가하는 사람들을 위해 이런 기도를 바칠 수 있는 사람이란 대체 어떤 사람일지 궁금했다. 기도문 낭송이 끝나자 다시 모든 게 침묵 속으로 빨려 들어갔다. 그때 흐느끼는 소리가 들려왔다. 내 뒤편에 있던 여자의 흐느낌이었는데 그러고 싶기는 나도 마찬가지였다.

기독교 역사에는 '사랑의 길'을 걸었던 신앙의 위인들이 적지 않다. 교수형을 앞두고 나치 간수에게 "나는 당신을 미워하지 않습니다. 당신도 하나님께 소중한 사람입니다"라는 인사를 건넨 본회퍼 목사, 그리고 아우슈비츠에서 어느 가장을 대신해 죽음을 자원한 막시밀리안 콜베 신부. 한국교회사에도 이런 인물은 드물지 않다. 신사참배를 거부하다 모진 고문 끝에 순교하면서 "십자가의 길은 미움의 길이 아니라 사랑으로 죽는 길입니다"라는 유언을 남긴 주기철 목사, 수차례 투옥과 고문을 당하면서도 "그들을 미워하지 않겠다"는 다짐과 함께 원수를 사랑하고 민족을 사랑한 감리교 평신도 김 마리아 같은 사람이 그렇다.

사랑의 길은 예수께서 강조하신 기독교 제자도의 핵심이다. "너희가 서로 사랑하면, 모든 사람이 그것으로써 너희가 내 제자인 줄

을 알게 될 것이다."(요 13:35) '서로 사랑'은 신앙공동체(교회) 안에서 작동해야 하는 삶의 방식이다. 하지만 여기서 끝이 아니다. 예수님은 더욱 급진적인 요청을 하신다. "너희 원수를 사랑하고, 너희를 박해하는 사람을 위하여 기도하여라."(마 5:44) 제자들 간의 '서로 사랑'은 박해자를 향한 '원수 사랑'으로 확장된다. 라벤스부르크의 그이들이 그런 사람들이었다.

사랑의 길을 걸었던 위인들에 관한 이야기는 아름답고 감동적이다. 하지만 마음을 무겁게도 한다. 현실과 너무 거리가 멀기 때문이다. 사랑의 길에 관해 설교는 해도 그 길을 온전히 실천하지 못해 민망한 나는 사랑과 용서의 지연을 합리화할 논리를 수시로 찾는다. 사랑의 계명은 유형무형의 폭력에 시달리는 사람들에게 2차 가해가 될 수도 있지 않은가. 용서의 강요는 상처를 치유하기는커녕 덧나게 하는 흉기가 될 수도 있지 않은가. 사랑과 용서를 미화하면 가해자에게 면죄부를 줄 수도 있고, 폭력을 낳은 구조를 은폐하거나 지속할 수도 있지 않은가.

근데 찜찜하다. 교묘한 합리화일 수 있기 때문이다. 사실 나는 용서가 없다면 일상생활이 불가능함을 잘 알고 있다. 용서가 상처 준 사람을 받아들이는 것뿐 아니라 '사소한 다름, 심지어 틀림조차 받아들이는 능력'이라면, 삶은 용서의 바탕 위에 세워진다. 매사에 자신과 다른 상대를 받아들여야 유지되는 부부의 용서가 그렇고, 자녀의 반항과 탈선을 무조건 껴안아야 하는 부모의 용서가 그렇다.

신념이 다른 동료를 받아들여야 하는 일상의 용서가 그렇고, 생각이 다른 구성원들을 인내해야 하는 신앙공동체의 용서가 그렇다.

사랑의 길이 복음의 핵심이며, 그것이 살아가는 데 필요하다는 것을 모르지 않지만 실천하기 어려운 것 또한 분명하다. 삶의 여정에서 이 주제는 가족의 갈등, 동료의 배신, 교인의 모함, 금전적 손해, 기회의 박탈, 지도자의 불의, 역사적 상흔, 자신에 대한 실망 등 삶의 모든 국면에서 되풀이하여 나타난다. 나도 이 주제로 씨름한 적이 많다. 용서하지 못할 사람을 용서하게 해달라고 기도했고, 그래도 용서가 안 되어 잠을 설친 적도 많다. 그럴수록 마음이 황폐해짐을 깨닫고 다시 용서할 수 있게 해달라고 부르짖다가 어느 날 깨달았다. 용서는 기도를 '하는(doing)' 것이 아니라 기도가 '되어야(being)' 가능하다는 것을….

앞에서 언급한 라벤스부르크 수용소에 갇혔던 또 다른 인물이 그랬다. 네덜란드의 전도자 코리 텐 붐 여사, 그녀는 유대인들을 숨겨 준 죄목으로 체포되어 수용소에 갇혔고 거기서 아버지와 언니를 잃었다. 전쟁 후 그녀는 독일의 한 교회에서 용서에 대해 강연하며 말했다. "용서하지 않으면, 우리도 마음의 감옥에 갇힙니다."

강연을 마쳤을 때, 말쑥하게 정장을 차려입은 한 남성이 미소지으며 다가왔다. 그녀는 그 얼굴을 대번에 알아보았다. 수용소의 간수였다. 잔혹의 상징이었던 그가 손을 내밀며 말했다. "당신의 말대로 주님은 우리의 죄를 바다 밑바닥에 던지셨습니다. 하지만 당신이 직접 저를 용서해 주시겠습니까?" 그녀의 몸은 얼어붙었고, 심장은 돌덩이처럼 굳어버렸다. 그녀는 자신에게 용서할 능력이 없음을 너무나 잘 알고 있었다. 그녀는 속으로 절규하듯 기도했다.

'예수님, 저는 용서할 수 없습니다. 용서는 당신만이 하실 수 있습니다. 제 손을 잡아 주시고, 제 마음을 움직여 주소서.'

그녀는 한동안 정지 화면처럼 서 있었다. 순간이 영겁 같았다. 의지와 상관없이 그녀의 손이 움직이기 시작했다. 그녀는 떨리는 손으로 남자의 손을 잡았다. 그 순간, 마음 깊은 곳에서 따뜻한 무언가가 흘러나왔다. 그것이 팔을 타고 흐르며 맞잡은 손을 감싸 안았다. 코리 텐 붐은 울면서 말했다.

"나는 당신을 용서합니다. 진심으로."

그녀는 그 순간 깨달았다. 용서는 감정이 아니라 하나님께 모든 것을 맡기고 스스로 기도가 될 때 하나님이 하시는 일임을!

내 기도 여정은 기도하지 않던 사람이 기도하게 된 여정이며, 기도'하던' 사람이 조금씩 기도가 '된' 여정이다. '기도가 된다'는 것은 내가 기도를 힘써 함으로써 무언가를 이루기보다 하나님의 임재 안에 고요히 머무는 동안 하나님의 은총을 담을 텅 빈 그릇이 된다는 뜻이다. 기도'하는' 주체는 나이지만, 기도가 '될' 때의 주체는 성령이다. 그때 하나님이 일하신다.

기도가 되는 과정을 나는 '기도의 기하학'이라는 표현으로 설명하곤 한다. 기하학에서 도형을 만드는 최소 단위는 점이다. 점이 이동한 궤적이 선을 만들고, 선이 이동한 궤적이 면을 만들고, 면이 이동한 궤적이 삼차원의 입체를 만든다. 경험을 돌이켜 보면, 기도도 점에서 선으로, 선에서 면으로, 면에서 입체로 발전하는 것 같다. 물론 이것은 비유다.

점. 하루에 한 번이라도 기도의 점을 찍는다. 기도의 점을 찍을 때 하나님이 들어오실 틈이 생긴다. 이때 거룩한 혁명이 시작된다. 시간의 양은 중요하지 않다. 일정한 시간에 같은 장소에서 기도의 점을 찍는 습관이 중요하다. 기도는 이론이 아니라 실천이다. 시작이 중요하다.

선. 하루에 한 번 기도의 점을 찍는 것이 어느 정도 습관이 되면 열두 시간 간격으로 점을 찍는다. 이때 기도의 '선'이 이어진다. 기도의 선이 이어지면 기도하는 마음이 온종일 지속한다. 물론 하루에 두 번 기도의 점을 찍는 게 쉽지는 않다. 하지만 고비를 넘기면 습관으로 자리 잡는다. 수레바퀴는 처음에 돌리기가 어렵지 일단 돌아가기 시작하면 저절로 돌아간다.

면. 기도의 점을 찍고 선을 잇는 수련을 꾸준히 하면 기도의 면이 만들어진다. 그렇게 되면 사람이 입체적으로 보인다. 표면뿐 아니라 이면이 보이고, 외면뿐 아니라 내면이 보인다. 겉사람뿐 아니라 속사람도 보이고, 거짓자아뿐 아니라 참자아도 보인다. 삶도 전체적으로 보인다. 삶의 시련과 고통 너머에서 작용하는 은총과 섭리가 보이기 시작한다. 하나님의 눈으로 보기 때문이다.

입체. 기도의 입체는 삶 전체에 스며들 정도로 기도가 풍성한 경지다. 기도가 일상의 모든 것에, 마음과 생각, 말과 행동, 관계와 일

속에서 쉬지 않고 흐른다. 기도의 입체가 형성되면 삶의 '모든' 순간을 기도하는 마음으로 살며, '모든' 일을 기도하는 마음으로 행하며, '모든' 사람을 기도하는 마음으로 대한다. 삶은 기도가 되고, 기도는 삶이 된다. 기도하던 기도자는 마침내 기도가 된다. 바로 이때다. 사랑과 용서의 가슴이 열리는 때가!

기독교의 영적 스승들이 실천하고 전수해 준 기도가 이런 기도였다. 『기도론(On Prayer)』의 저자 에바그리우스(345~399)에 따르면 기도는 "영혼이 하나님과 사귀는 것이다." 이 짧은 한 문장으로 에바그리우스는 기도의 본질이 하나님과의 사귐(교제)임을 밝힌다. 그런데 하나님은 순수한 존재이므로 하나님과 사귀려면 정념들을 정화해야 한다. 그래서 말한다. "제대로 기도하기 원하나요? 그러면 항상 자기를 부인하십시오."

이뿐 아니라 에바그리우스의 기도론은 이웃 사랑이 무엇보다 중요함을 강조한다. "하나님이 원하시는 기도를 하고 싶은가요? 당신에게 잘못한 형제에게 복수하려는 것은 기도를 방해할 뿐입니다. 기도는 온유의 꽃이며 분노로부터의 자유입니다." 이처럼 기도는 하나님 사랑을 사랑하고, 자기를 부인하고, 이웃을 사랑하는 길이다. 그래서 그는 스승 알렉산드리아의 마카리우스에게 자신의 책을 헌정하면서 "당신께 복음의 향연을 보냅니다"라고 썼다.

'황금의 입'이라고 불렸던 크리소스토무스는 이렇게 말했다.

"기도할 때 사람과 천사의 본성은 똑같아집니다. 기도는 야만적인 짐승에서 분리하여 우리를 천사와 연결해 주기 때문입니다. 침묵기도를 통해 하나님을 경배한다면, 우리는 천사처럼 살고 천사의 지위를 얻고 천사처럼 행동하고 천사의 영예와 품위와 지혜와 신중함을 갖추게 될 것입니다."

나의 기도 순례는 이런 기도의 경지를 조금씩 엿보고 맛본 여정이다. 사랑이 여전히 부족하고 천사처럼 살려면 아직 멀었지만, 그래도 내 안에 있는 짐승이 조금은 순해지는 것 같다. 누가 알겠는가. 이러한 이상을 품고 기도할수록 기도가 되고, 기도가 될수록 용서의 품이 열려 '천사도 흠모할' 사랑의 길을 생의 어느 뒤안길에서 아무도 모르게 걷고 있을지….

이 책 『기도, 되기』에는 '기독교적인' 기도를 찾아 헤맸던 영적 여정이 담겨 있다. 이전에 해오던 기도를 할 수 없었을 때, 기도할 수 없어 목회도 포기하고 싶고 삶의 의욕조차 바닥났을 때, 나는 관상기도를 만났다. 관상기도는 기도의 한 방법이 아니라 나를 살린 기도였다. 이 책에서 소개하는 관상기도(예수기도·향심기도·현존기도)는 기독교적인 기도이면서 '일상의 기도'이기도 하다. 이 기도들은 비상상황에서뿐 아니라 일상의 모든 순간에 할 수 있는 기도이기 때문이다. (물론 이 기도들은 삶의 비상상황에서도 큰 힘을 발휘한다.)

일상의 기도에 익숙해질수록 기도자는 비상상황 이면에 깃든 은총과 섭리를 발견하고, 시편 시인과 함께 고백하기에 이른다. "고난을 당한 것이, 내게는 오히려 유익하게 되었습니다."(시 119:71) 사도 바울처럼 모든 일이 서로 협력하여 선을 이루는 것(롬 8:28)을 깨달으며 환난 중에도 소망을 품는다.

이 책은 이런 사람들에게 도움이 될 것 같다. 기도생활에 힘썼지만 언제부턴가 무미건조함을 느끼는 성도, 좀 더 깊고 진실한 기도를 배우고 싶은 신학생들, 기도의 동력이 떨어져 어려움을 겪는 목회자들, 통성기도의 형식이 낯설고 어색해 기도에서 멀어진 젊은이들, 관상기도가 어떤 기도인지 해보고 싶은 사람들, 기독교에도 명상적 유형의 기도가 있는지 궁금한 사람들…. 나아가 상실과 고통 속에서 하나님의 부재를 느끼는 사람들, 원치 않는 질병으로 사망의 음침한 골짜기를 지나고 있는 사람들, 마음의 황폐함과 영혼의 메마름으로 괴로운 사람들, 새로운 방식의 기도를 통해 일상에서 하나님과 깊은 관계를 맺고 싶은 사람들, 무엇보다 '새로운 삶의 기후'를 갈망하는 사람들에게 좋은 길벗이 될 것이다.

관상기도 입문으로 좋은 이 책은 크게 다섯 부분으로 나뉜다. 1부에는 기도 순례에 관한 개인적인 여정을 담았고, 2부에는 새로운 패러다임의 기도를 만난 이야기를 담았다. 3부에서 5부까지는 기도 순례를 통해 만난 예수기도와 향심기도, 현존기도를 차례로 다뤘다. 무엇보다 기도에 관한 설명뿐 아니라 구체적인 실천 지침을 제시한 것은 이 책이 제공하는 가장 큰 선물이다. 독자들이 지침에 따라 꾸준히 수련하면서 기도가 얼마나 즐거운 일인지 조금이라도 맛본다면 저자로서 더한 기쁨이 없겠다.

PART 1. 여정

"고귀한 사람은

고귀한 일을 계획하고

그 고귀한 뜻을

펼치며 삽니다."

(사 32 : 8)

우리는
좋은 나무일까?

얼마 전 20년 넘게 다니던 교회를 졸업했다(?)는 사람을 만나 이야기를 나눈 적이 있다. 그는 교회에 다니면 '좀 더 좋은 사람'이 될 줄 알았다. 그래서 누구보다 열심히 교회에 다녔다. 주일 성수며, 헌금 생활, 행사 참석 등 교회에서 하라는 것도 다 했다. 하지만 교회는 좋은 사람이 되는 것에 관심이 없어 보였다. 교회는 번영신앙의 온상이었다. 다양한 형태의 성공학으로 욕심을 자극했고, 비교의식과 경쟁의식을 부추겼다. 교회에 다닐수록 욕심쟁이가 되는 기분이 들었다.

어느 날 그이는 아들과 크게 다퉜다. 아들은 성소수자들에게 연민을 보였고, 그들에 대한 교회의 태도를 거북해했다. 그이는 아들을 나무랐고, 성경을 인용하며 단죄했다. 그런 일이 몇 번 반복되자 아들은 대화를 중단했고, 아버지를 외면하기 시작했다. 급기야 집을 나가버렸다. 그이는 아들이 성적 지향으로 오랫동안 고민하고 방황했음을 나중에야 알게 되었다. 다름을 틀림으로 단죄한 자신의 독선을 후회했지만, 이미 때는 늦었다.

고해 같은 그의 이야기는 내가 평소에 느끼던 한국교회의 문제를 정확하게 짚고 있었다. 번영신앙의 탐욕과 율법신앙의 독선을 말이다. '더 좋은 사람'이 되지 못하게 하는 신앙에 실망한 그는 번민하다가 교회를 졸업했다.

요즘 한국교회가 위기라는 말을 자주 듣는다. 왜 이렇게 됐을까? 몇 년 전 광풍처럼 온 세계를 휩쓴 코로나를 탓할 수만은 없다. 좀 더 본질적인 이유가 있다. 그것은 한국교회가 기독교 신앙의 본류에서 벗어났기 때문이다. 소위 '가나안 성도'가 급증하는 추세가 이를 방증한다. 통계에 따르면, 가나안 성도들이 교회를 떠나는 주된 이유는 교인들의 삶이 그리스도인답지 못하기 때문이라는 것이다. '그리스도인다움을 결여한 그리스도인', 이는 형용모순이며 본질적인 문제 제기다.

신앙의 본류 기독교 신앙의 본류란 무엇일까? 예수님은 비유로 간결하게 말씀하셨다. "나무가 좋으면 그 열매도 좋고, 나무가 나쁘면 그 열매도 나쁘다. 그 열매로 그 나무를 안다."(마 12:33)

좋은 나무가 되어 좋은 열매를 맺는 것이 기독교 신앙임을 예수님은 어린이도 이해할 수 있을 정도로 단순명쾌하게 선언하셨다.

좋은 나무가 된다는 것은 좋은 사람, 곧 '새로운 존재'가 된다는 뜻이다.

기독교 신앙의 일차적 관심은 축복이나 교리가 아니다. 기독교 신앙은 '새로운 존재를 위한 성 삼위 하나님의 신성한 프로젝트'다. 성부의 뜻, 성자의 십자가, 성령의 인도하심은 새로운 존재의 탄생과 성장을 촉진하는 거룩한 전략이며 동력이다. 성공·축복·부흥·성장(줄여서 성축부성)은 나중 문제다. 만일 성축부성이 세속적 성공과 이기적 축복, 외적 부흥과 수적 성장을 의미한다면, 성축부성을 추구하는 번영신앙은 기독교와 무관하다. 그간 한국교회는 번영신앙뿐 아니라 다름을 틀림으로 단죄하는 율법신앙에 열을 냈다. 자기 눈의 들보는 보지 않고 남의 눈의 티만 빼려고 혈기를 부렸다. 새로운 존재가 되는 일은 뒷전이었다.

예수님은 좋은 나무가 좋은 열매를 맺는다고 하신 다음, 유대 종교 지도자인 바리새인들을 향해 "심판 날에 자기가 말한 온갖 쓸데없는 말을 해명해야 할 것"(마 12:36)이라고 경고하셨다. 그렇다면 번영신앙과 율법신앙에 관한 설교야말로 한국교회 지도자들이 심판 날에 해명해야 할 '온갖 쓸데없는 말' 아닐까? 아무튼 기독교인에게서 욕심과 혐오라는 비복음을 눈치챈 동시대인들은 교회를 떠나기 시작했다. 새로운 존재에 대한 희망을 교회에서 철회한 것이다.

새로운 존재 예수님은 산상설교에서 신앙의 목표가 복이 아니라 '새로운 존재'임을 분명하게 밝히셨다. 우리는 예수님이 '팔복'에 관해 설교하셨음을 잘 알고 있다. 하지만 복에 초점을 맞추기 전에 우리는 먼저 그 복이 '누구'의 복인지를 물어야 한다. 팔복은 '새로운 존재'가 누리는 행복이기 때문이다.

그 새로운 존재가 바로 욕심을 비운 '가난한 사람'이며, 세속과의 결별로 인한 슬픔을 감수하는 '애통하는 사람'이며, 자기와 다른 사람을 틀리다고 단죄하지 않는 '온유한 사람'이며, 집단적 편견에서 벗어나 진실과 정의를 추구하는 '의에 주린 사람'이다. 이런 사람은 누구에게나 사랑을 베푸는 '자비한 사람'이다. 언제나 하나님을 관상하는 '마음이 깨끗한 사람'이다. 어디서나 화해를 일구고 '평화를 이루는 사람'이다. 그런 삶을 위해 고통까지 감수하는 '박해를 받는 사람'이다. 이런 사람이 좋은 나무이며, 번영신앙과 율법신앙이 모르는 행복을 누릴 새로운 존재다.

예수님은 좋은 나무에 관한 관심을 '완전'의 이상으로 발전시키신다. "하늘에 계신 너희 아버지께서 완전하신 것 같이, 너희도 완전하여라."(마 5:48)

바울도 좋은 나무, 즉 새로운 존재에 대해 생각한다. 그가 생각하는 좋은 나무는 "지난날의 생활 방식대로 허망한 욕정을 따라 살다가 썩어 없어질 그 옛 사람을 벗어버리고, … 하나님의 형상을 따라 참 의로움과 참 거룩함으로 지으심을 받은 새 사람을"(엡 4:22~24) 입은 존재다. 베드로도 예외가 아니다. 그는 좋은 나무의 이상을 "세상에서 정욕 때문에 부패하는 사람"이 아니라 "하나님의 성품에 참여하는 사람"(벧후 1:4)으로 묘사한다.

'거룩함'은 좋은 나무의 또 다른 향기다. "하나님의 뜻은 여러분이 성결하게 되는 것입니다."(살전 4:3) 그래서 바울은 기도한다. "우리 주 예수께서 … 오실 때에, [여러분이] 하나님 우리 아버지 앞에서 거룩함에 흠 잡힐 데가 없게 해 주시기를 빕니다."(살전 3:13) 거듭되는 기도가 간절하다. "평화의 하나님께서 … 우리 주 예수 그리스도께서 오실 때에 여러분의 영과 혼과 몸을 흠이 없이 완전하게 지켜 주시기를 빕니다."(살전 5:23)

웨슬리, 변형신앙의 거장   건강한 기독교 영성은 언제나 존재의 변형을 추구했다. 사도들뿐 아니라 사막 교부들, 중세 수도사들, 종교개혁가들이 그랬다. 웨슬리야말로 '변형'신앙의 - '번영' 신앙이 아니라! - 거장이었다. 선행은총에서 시작하여 회개와 믿음, 칭의와 성화를 거쳐 그리스도인의 완전에 이르는 웨슬리의 구원론은 변형신앙의 아름다운 변주다. 그런데 언제부턴가 변형신앙의 맥이 끊어졌다. 강단에서, 심지어 '웨슬리회심기념성회'에서조차 변형신앙에 관한 설교를 들을 수 없다. 유감스럽게도 천박한 번영신앙과 독선적인 율법신앙이 메도디스트들의 빛나는 변형신앙 전통을 삼켜버린 것이다.

그러면 번영신앙은 어떻게 한국교회를 장악할 수 있었을까?

이유는 간단하다. 신앙 담론에 걸맞는 '기도 수행'이 있었기 때문이다. "주여" 삼창에 이어지는 통성기도 말이다. 교회사에서 한국교회만큼 치열하게 통성기도를 한 교회가 있었을까? 주일 오전·오후예배는 물론 새벽기도회, 수요기도회, 금요철야기도회에서 성도들은 통성으로 기도했다. 교회에서뿐 아니라 주기적으로 기도원에 가서도 통성으로 부르짖었다. 번영신앙과 율법신앙 담론은 통성기도를 통해 신자들의 입술과 머리뿐만 아니라 가슴과 골수에 새겨졌다.

하지만 변형신앙은 그렇지 못했다. 복음적이며 성서적인 변형신앙 담론을 내면화하고 현실화할 수 있는 기도 수행이 거의 없었다. 변형신앙에 관한 설교도 부족한 마당에 수행마저 없었으니 변형신앙이 신자들의 가슴에 새겨질 리 만무했고, 삶에 뿌리내릴 리 만무했다. 레시피가 아무리 먹음직스럽게 설명해도 조리해서 먹지 않으면 허기를 면할 수 없듯이, 아무리 복음적이어도 기도 수행이 없다면 변형신앙 담론은 공론(空論)에 불과할 뿐이다. 기도 수행은 일종의 영적 조리 과정이기 때문이다.

그래서 프랑스의 사회학자이며 신학자인 자크 엘륄은 담론의 현실화 기제인 기도에 대해 이렇게 말한다. "하나님을 추상적 담론으로 아는 것만으로는 부족하다. 그분의 임재는 매일의 삶에서 구체화되어야 하고 그것은 기도를 통해서 가능해진다." 웨슬리의 변형신앙 담론을 현실화하려면 그에 합당한 기도 수행이 있어야 한다는 뜻이다.

오늘날 웨슬리안들에게 필요한 것은 새로운 제도나 조직, 행정이나 법률이 아니다. 그렇다고 복음적인 변형신앙 담론을 찾아 나설 필요는 없다. 웨슬리 영성 전통 자체가 복음이며 변형신앙의 꽃인 까닭이다. 없는 것은 단 하나, 변형신앙을 입술에서 머리로, 머리에서 가슴으로, 가슴에서 현실로 육화할 기도 수행이 없을 뿐이다.

이제 벗들과 함께 '기도 순례'를 떠나려고 한다. 이는 변형신앙을 회복하여 교회를 새롭게 세우기 위한 순례이기도 하다. 기도의 세계는 무궁무진하다. 기도란 무한한 신비인 하나님과의 깊은 사귐인 까닭이다. 하여 기도 순례를 통해 기도의 지평이 새롭게 열린다면 벗들은 하나님을 닮은 신성한 나무가 되고, 그 나무에서는 고귀한 꽃이 필 것이다.

"고귀한 사람은 고귀한 일을 계획하고, 그 고귀한 뜻을 펼치며 삽니다."(사 32:8)

기도할 결심

　기도는 즐겁다. 즐거워야 한다. "내 기도하는 그 시간 그때가 가장 즐겁다"라는 찬송가도 있지 않은가. 기도는 맛이며 경험이다. 향유이며 즐김이다. "기도는 행해야 할 의무가 아니라 누려야 할 선물이다. 그리스도인이라면 성삼위 하나님의 교제에 참여하며 항상 기쁨으로 기도할 수 있다."(마이클 리브스)

　기도는 즐거워?!　한국교회의 그리스도인들은 기도를 즐거워할까? 목회한 세월이 짧지 않지만 그런 사람을 별로 보지 못했다. 기도가 힘들다는 사람이 많고, 5분 채우기가 어렵다는 사람들도 숱하다. 한때 기도가 재미있었는데 언제부턴가 기도가 안 된다는 사람도 여럿 만났다.
　물론 기도를 즐기는 사람들도 있다. 언젠가 현존기도 세미나 후에 참석자 단톡방을 만들었다. 기도할 때마다 단톡방에 올려 서로 자극받고 격려도 받자는 취지였다. 단톡방에는 평화, 평온, 평강, 평안, 고요, 현존 같은 단어가 반복해서 올라왔다. 이런 단어들을 읽으며 목회자들이 기도를 어떻게 경험하는지 알 수 있었다. 기도를 즐거워하는지는 몰라도 힘들어하는 것 같지는 않았다.

그런데 기도 경험을 유독 다채롭게 표현하는 목사가 있었다. 처음에는 "평온하고 힘이 납니다, 고요합니다, 현존합니다"처럼 다른 이들과 비슷한 경험을 나누더니, 나중에는 "충만합니다, 감사입니다, 만족입니다"로 표현이 달라졌다. 어느 날부터는 이런 표현도 등장했다. "설렘입니다, 환희입니다, 희열입니다, 신납니다." 기도가 즐거운 게 분명했다. 새로운 표현이 쏟아지니 말이다. "내맡김입니다, 내려놓습니다, 놓아버립니다, 수용합니다, 순응합니다, 감싸 안습니다." 마침내 이런 표현도 등장했다. "사랑입니다!" 아름다운 기도 경험이었다.

누가 나에게 기도가 즐거우냐고 묻는다면 주저하지 않고 말할 것이다. 그렇다고! 알고 보면 기도는 즐겁지 않을 수 없다. 기도란 연인 같고 친구 같고 엄마 같은 하나님과 교제하는 것이기 때문이다. 즐겁기만 할까? 그런 기도는 쉽기까지 하다. 숨 쉬는 것만큼이나 밥 먹는 것만큼이나.

기도의 신비　　물론 이런 기도를 하기까지 세월이 솔찮게 걸렸다. 기도 순례를 통해 내가 만난 기도는 한국교회가 주로 하는 기도와 패러다임이 달랐기 때문이다. 큰소리로 부르짖는 통성기도는 나름 장점이 많은 기도다. 내면에 쌓인 불안, 분노, 좌절, 절망을 큰 소리로 토해냄으로써 감정을 정화시킨다. 몸을 흔들고, 눈물을 흘리고, 손을 흔들고, 무릎을 꿇고 기도함으로써 언어를 넘어 온몸으로 기도하게 한다. 소리 내어 부르짖다 보면 분산된 마음이 하나님께 집중되고, 식었던 가슴이 뜨거워진다. 여러 사람이 함께 "주여!" 하고 외칠 때, 고립된 개인은 공동체의 위로와 연대의 힘을 느낀다.

하지만 통성기도의 문제는 시간과 공간의 제약을 많이 받는다는 점이다. 교회나 부흥회, 기도원에서는 맘껏 할 수 있지만, 일상의 시공간에서는 하기가 어렵다. 그렇기에 통성기도는 일상의 기도라기보다 '비상의 기도'라고 할 수 있다.

반면 시공의 제약을 받지 않는 기도도 있다. 밥을 먹으면서 할 수 있는 기도, 설거지나 청소하면서 할 수 있는 기도, 산책 또는 운동하면서 할 수 있는 기도, 버스나 지하철에서 할 수 있는, 그야말로 일상의 기도가 있다. 그런 기도 상태에 있을 때 기도자는 '믿음'의 사람이 된다. 하나님에 대한 신뢰와 사람에 대한 믿음이 깊어진다. '희망'의 사람이 된다. 하나님의 미래를 보면서 다시 한번 희망을 품는다. '사랑'의 사람이 된다. 눈 밖에 난 사람의 슬픈 이면을 보며 용서의 마음을 품는다.

물론 이런 상태가 늘 지속되지는 않는다. 기도자도 사람이기에 혼돈과 공허와 어둠(창 1:2)의 수렁에서 허우적대거나 미움과 분노 같은 악성 감정의 소용돌이에 휘말릴 때가 있다. 하지만 기도가 그러한 내면의 부정성에서 벗어나게 해준다. 기도가 의식을 고양하고 마음의 결을 바꾸며 존재를 새롭게 빚기 때문이다. 이때 밋밋한 일상은 빛나기 시작한다.

　기도하는 사람에게는 사람이 기적이며, 만남이 기적이고, 노동이 기적이다. 심지어 삶의 고통과 시련도 기적이다. 기도가 지옥의 문을 닫는 자물쇠요, 천국의 문을 여는 열쇠인 까닭이다. 이런 기도를 알게 된 것, 아니 하게 된 것은 그야말로 천행(天幸)이다. 이런 기도를 모르거나 하지 않는 삶은 생각만 해도 끔찍하다. 인간은 '호모 오란스(homo orans)', 곧 기도하는 존재인 까닭이다.

기도와의 불화　사실 나는 기도하는 사람이 아니었다. 기도가 힘들고 버거웠다. 내가 경험한 한국교회의 기도는 소원 성취와 욕망 충족을 위한 주술에 불과했다. 어딜 가나 성공과 축복, 성장과 부흥을 부르짖는 기도가 귀를 때렸다. 삼위일체 하나님과의 사귐이나 그리스도를 닮으려는 기도는 만날 수 없었다. 축복과 성공보다 존재의 완성에 관심 있던 나는 기도와 버성겼다. 기도에 흥미를 잃다가 아예 담을 쌓는 일이 생겼다.

　한때 부목사로 섬기던 교회는 금요철야기도회를 강조했다. 담임목사님은 성도들에게 주여 삼창은 물론 큰소리로 부르짖으며 기도하라고 했다. 찬송도 박수하며 목청 높여 불러야 했다. 손바닥 부딪히는 소리가 한꺼번에 울리면 소음 데시벨이 급격히 상승한다. 그 순간 교회 내부는 소음 덩어리가 됐고, 청력이 약한 나 같은 사람들에게는 고문과 다름없었다.

스트레스가 극에 달한 어느 날, 담임목사님을 찾아가 말씀드렸다. 사정이 이러하니 철야기도회 불참을 허락해 달라고. 그렇게 배려해 주시면 다른 일을 몇 배 더 열심히 하겠다는 말도 덧붙였다. 물론 경우가 아니었지만, 지푸라기라도 잡는 심정으로 한 호소였다. 예상한 대로 청은 받아들여지지 않았다. 하지만 최악은 그다음이었다. 돌아서서 나가려고 하는 나에게 목사님이 한마디 던지셨다. "이 목사 귀에 마귀가 붙어서 그래." 그 뒤로 나는 기도와 담을 쌓았다.

숨의 진실　담이 허물어진 건 둘째 누나의 죽음을 통해서였다. 누나는 '숨 쉬지 않으면 죽는다'는 깨달음을 선물로 주고 갔다. 평생 내가 받은 선물 중에서 가장 귀한 선물이다. 둘째 누나는 건강했고, 피아노 학원을 크게 운영하면서 사회활동도 열심히 했다. 어느 날 목디스크와 관련한 간단한 시술을 받으려고 동네 병원에 입원했는데, 그게 의식 있는 누나를 본 마지막이었다. 의료사고로 대학병원으로 후송된 누나는 급성 패혈증으로 2주 동안 사경을 헤매다가 끝내 깨어나지 못했다.

임종하기 전, 누나는 숨을 거칠게 몰아쉬다가 잠잠해지기를 여러 차례 반복했다. 둘러선 가족들은 숨죽이며 그 모습을 지켜봤다. 30분 넘게 그랬을까, 누나의 생체리듬을 체크하며 상하 곡선을 그리던 의료 장치가 삐 소리를 내며 수평으로 직선을 그렸다. 거기 있던 가족들은 그 의미를 잘 알았다. 태산보다 무거운 침묵이 깔렸다. 잠깐이었지만 영겁 같았다.

의사가 누나의 죽음을 확인하자, 가족들은 울음을 터뜨리기 시작했다. 관계에 따라 고인을 여보, 엄마, 언니, 누나, 얘야라고 부르며 오열했다. 하지만 나는 눈물이 나오지 않았다. 누나의 죽음이 슬프지 않은 건 아니었지만, 그 순간 나는 '숨의 진실'을 경험했다. 거칠든 실낱같든 숨이 붙어 있으면 산 사람이지만, 그런 숨마저 없으면 죽은 사람이라는 지극히 평범한 진실을! 동시에 나는 영혼의 숨인 기도가 끊어져 죽어 버린 내 영혼을 깨닫고 전율했다.

누군가 몽둥이로 뒤통수를 후려치는 것 같았다. 정신이 번쩍 났고, 온몸에 소름이 돋았다. 가족들의 울음소리는 저 멀리 아득했다. 그 시절 나는 동기가 순수하지 않은 기도는 기도가 아니라며 기도하지 않았다. 하지만 누나가 하늘나라에 간 그날, 나는 불순한 기도라도 하는 사람과 순수한 기도를 꿈만 꾸고 아무 기도도 하지 않는 사람은 산 사람과 죽은 사람처럼 완전히 다른 존재임을 깨달았다. 그날 나는 기도할 결심을 했다.

기도인 듯
기도 아닌

 기도할 결심을 한 것까지는 좋았는데, 무엇을 어떻게 기도해야 할지 몰랐다. 모태신앙이라 교회를 늘 다녔지만 기도를 제대로 배운 적이 없었다. 신학교 시절에도 기도는 뒷전이었다. 목사가 되고 나서도 사정은 크게 달라지지 않았다.

 통성기도가 한국교회에 빠르게 퍼지고 있었지만 내가 중학교를 졸업할 때까지 다닌 보수적인 장로교회에서는 통성기도를 하지 않았다. 통성기도가 한국교회의 대표 기도로 자리매김한 것은 1970~80년대에 순복음교회가 초고속으로 성장하고 대형 교회들이 속속 등장하면서부터였던 것 같다. 이런 상황은 통성기도가 '성축부성(성공·축복·부흥·성장)'의 욕망과 밀접한 관련이 있다는 반증이다.

통성기도의 본질　　물론 통성기도가 처음부터 그랬던 것은 아니다. 통성기도는 초기 한국교회가 경험한 '기독교 신앙의 본질 체험'과 밀접한 관련이 있다. 하디 선교사는 기도회에서 성령의 임재와 능력을 경험한 후 토착 교인들 앞에서 '교만했던 것과 고집불통이었던 것과 믿음 없었음'을 공개적으로 고백했다. 하디에게서 시작된 '고백과 회개' 운동은 불길처럼 퍼져나갔다.

고백과 회개 운동은 1907년 장대현교회에서 열린 평안남도 도사경회에서 절정에 달했다. 길선주가 친구의 재산을 정리할 때 거금을 착복했다고 자백하면서 자신이 '성령의 임재를 막는 아간'이라고 절규하자, 회중의 회개가 폭포처럼 쏟아졌다. 평양 대부흥운동의 현장을 목격한 북장로회 선교사 매큔은 이렇게 증언했다.

"헌트 목사가 설교를 하고 리 목사가 몇 마디 광고를 한 후에 '우리 모두 기도합시다'라고 했더니 그 순간 갑자기 예배당 안에 가득 모여 있던 사람들이 소리를 내서 기도하기 시작했다. … 그 경이로운 장면이란! 어떤 사람은 울면서, 또 어떤 사람은 자기 죄목을 나열하며 하나님께 용서를 비는 기도를 드렸다."

캐나다 선교사 스캇은 통성기도가 "단체로 죄를 고백하고 마음속에 숨겨진 것들을 끄집어 내는" 효과적인 기도 방법이라고 묘사했다. 이처럼 통성기도는 영적 각성을 통한 기독교 신앙의 '본질 체험'과 밀접한 관련이 있었다.

통성기도의 변질　　통성기도는 1960년대 이후, 한국사회의 근대화 과정에서 '잘 살아보세' 운동과 야합하면서 변질하고 만다. "자기를 부인하고 나를 따르라"는 예수님의 부름에 응답하려 했던 기도가 욕망 실현의 도구로 전락했기 때문이다. 한국교회가 병드는 것은 시간문제였다.

하지만 기도할 결심을 하고 기도 순례를 시작할 당시에 나는 이런 분별을 하지 못했다. 게다가 불혹의 나이에 교회를 개척하여, 교회 성장이 급했던 나는 통성기도에 매달릴 수밖에 없었다. 교회 강단 뒤에 기도실을 만들어 그곳에서 수시로 부르짖었다. 교회 가까운 곳에 있는 영락기도원도 즐겨 찾는 기도처였다. 기도원 뒷산에 올라 개척한 교회가 있는 지역을 향해 손을 펴들고 "이 도성을 내게 주실 줄로 믿습니다"라고 선포하고, 주님의 일을 크게 할 테니 교회를 빨리 성장시켜 달라고 부르대기도 했다. 교인들의 이름을 하나씩 짚어가며 중보기도도 하고, 위정자들과 나라를 위한 기도도 빼놓지 않았다.

기도의 내용과 형식은 언제나 똑같았다. 주여 삼창에 이어 큰소리로 부르짖는 것! 하지만 기도 후에 마음이 헛헛할 때가 종종 있었다. 내가 속한 지방회에서 존 웨슬리 회심일 어간에 부흥회를 개최했다. 강사들은 회중에게 '성축부성'을 위해 부르짖으라고 시켰다. 기도 응답을 받으려면 제목이 구체적이어야 한다며 배우자 기도를 할 때는 키 몸무게 성격 학벌 직장 연봉 가족관계 등 가능한 모든 사항을 빠짐없이 기도하라고 했다.

부흥회의 단골 메뉴는 간증이었다. 기도했더니 불치병이 나았고, 직장을 구했고, 사업이 흥했다는…. 이런 얘기를 들을 때마다 이게 기독교인이 하는 회의가 스멀거렸다. 군중심리에 휘말려 마음에도 없는 '아멘'을 내지르는 내 모습을 자각할 때면 한심한 생각이 들기도 했다. 누구나 알 만한 유명 부흥강사는 차 바꿀 때가 되어 기도했더니 교인이 비싼 외제 차를 사주더라는 간증도 했다.

정말이지 이건 아니었다. 기도를 안 하면 영혼의 숨이 끊어진 것이라는 진실을 깨닫고 기도할 결심을 한 내가 목회 현장에서 경험한 기도는 영혼의 숨이나 영성과 무관했다. 오히려 세속의 욕망에 불을 지르는 게 기도 같았다. 존 웨슬리의 성화와 그리스도인의 완전 교리는 웨슬리회심기념성회에서 추방되고 있었다.

스님을 위해서도 기도했어유 사실 내가 영적으로 가장 깨어나고 진실해질 때는 부흥집회에서 통성으로 부르짖을 때가 아니라 산에 오를 때였다.

나는 교회 개척 전부터 산에 자주 올랐다. 새벽기도가 끝나면 어김없이 두 시간 정도 산행을 했다. 산의 침묵과 숲의 정적을 온몸으로 느끼면 혼란스러웠던 마음이 고요해졌다. 마음의 결이 바뀌면서 무념 상태에 가까워졌다. 이렇게 몸과 마음의 정화가 이루어지면 영이 깨어난다. 신성한 현존이 나를 둘러싸고 있음을 느낀다. 마침내 산은 자연에서 성소로 변형된다. 내면에서 노래가 흐르고, 통찰과 영감이 샘솟는다.

하지만 산을 오르는 게 좋기만 한 것은 아니었다. 마음이 불편해지는 때가 있었다. 신성한 현존을 음미하고 있을 때 어디선가 고함치듯 들려오는 기도 소리를 들을 때 그랬다. 이런 상황을 맞닥뜨리면 나는 무슨 죄라도 짓는 것 같았다. 누구는 통성으로 부르짖으며 기도하는데 나는 산을 즐기며 시간을 허비하는 것 같아서였다. 당시에는 몰랐지만 이러한 죄책감은 통성기도만이 기도라는 고정관념에 나온 것이었다.

그러던 어느 날 이런 고정관념을 깨게 한 웃픈 일이 있었다. 그날 나는 북한산을 돌고 도선사 근처에 세워둔 차를 타고 내려오는 중이었다. 절에 다녀온 행색의 할머니 두 분이 손을 흔들기에 태워드렸다. 연신 고맙다는 두 분께 어딜 다녀오시냐고 물었더니 짐작한 대로였다. "기도하고 오지유." 대답은 간결했다. 무슨 기도를 하셨냐고 묻자, 할머니 한 분이 이렇게 대답했다. "수능을 앞둔 손녀딸을 위해서도 기도했구유, 큰 손주 좋은 직장 얻게 해달라고 기도했구유, 아들 사업 잘되게 해달라고 기도했구유, 암에 걸린 이종사촌을 위해서도 기도했어유."

다른 할머니도 거들었다. "나라를 위해서도 기도했어유. 대통령과 위정자들을 위해서도 기도했구유, 남북통일을 위해서도 기도했지유." 내가 대단하시다고 하자 신이 난 할머니는 한마디 더 덧붙였다. "스님을 위해서도 기도했어유."

스님을 위한 기도를 목사님을 위한 기도로 바꾸면 교회에서 하는 기도와 똑같았다.

순례의 좌절   순간, 기도할 결심을 하고 기도 순례에 나선 내가 한 기도는 '기독교적인' 기도가 아니었다는 깨달음이 스쳐 지나갔다. 당혹스러웠다. 통성의 형식으로 나와 한국교회가 해온 기도에는 예수님이 가르쳐 주신 주기도문의 정신도, 영성사를 빛낸 영적 스승들의 지혜도 없었다. 고대 사막교부 에바그리우스의 가르침과도 거리가 멀었다.

"당신 자신의 소원이 채워지기를 바라는 목적으로 기도하지 말라. … 당신은 기도하기를 갈망하는가? 그러면 모든 것을 포기하라. 그러면 본질적인 것을 물려받게 될 것이다."

중세 영성의 최고봉인 에크하르트의 생각과도 달랐다.

"나는 기도하되 나를 순수하게 해달라고 기도할 것이다. 만일 내가 순수하다면 하나님은 자신을 주시지 않을 수 없으며 내 안에 거하시지 않으면 안 되기 때문이다."

프로테스탄트 순교자 디트리히 본회퍼가 생각하는 기도도 아니었다.

"기도란 마음에 가득 차 있는 괴로움이나 즐거움을 털어놓는 것이 아니라, 예수 그리스도 안에서 하나님의 뜻을 꾸준히 배우고, 자기 것으로 만들며, 자신의 기억에 각인하는 것이다."

유대교 랍비요 현자인 아브라함 헤셸의 통찰과도 무관했다.

"우리가 하는 모든 일 가운데서 기도는 가장 사사로운 이익을 추구하지 않는 일이며, 가장 세속적인 것이 아니며, 가장 실용적인 것이 아니다. 기도는 자기를 정화하는 행동이다. 기도는 경이에 주목하는 것이다. … 큰 소리로 기도하는 사람은 가장 높은 영역, 신비의 영역에 도달하지 못한 사람이다. 가장 높은 것은 감추어져 있기 때문이다."

현대 영성의 거장 토머스 머튼이 얘기하는 기도와도 상관없었다.

"나의 기도는 무와 침묵의 중심에서 샘솟는 일종의 찬미입니다. 내가 무엇을 바라거나 구한다면 기도를 방해할 뿐입니다. … 나의 기도는 보이지 않는 분의 얼굴을 직접 보는 것입니다."

본회퍼가 『신도의 공동생활』에서 말한 것처럼 기도가 "심정에서 우러나오는 자연적 욕구로부터 하는" 것이 아니라 "개인적 관심사를 넘어 자아 없이 하는" 것이라면, 소원 성취의 주술로 한국교회에 자리매김한 통성기도는 기도인 듯하지만 기도가 아니었다. 무엇보다 '기독교적인' 기도가 아니었다.

그런데 한국교회와 나는 집단최면에 걸리기라도 한 듯 욕망하는 것을 이루어 달라고 부르짖고 또 부르짖었다. 기도 순례는 처음부터 좌초하는 것 같았다.

머무름,
기도를 치료하다

나를 기도에 눈뜨게 한 것은 요한복음 15장 7절이었다. 계시같이 마음에 날아든 이 말씀은 기도에 관해 그동안 놓치고 있던 아주 중요한 사실을 말하고 있었다.

"너희가 내 안에 머물러 있고, 내 말이 너희 안에 머물러 있으면, 너희가 무엇을 구하든지 다 그대로 이루어질 것이다."(요 15:7)

"무엇을 구하든지 다 그대로 이루어질 것이다"라는 마지막 부분은 귀에 못이 박이도록 들은 말씀이었다. 부흥사들은 기도 제목을 수첩에 적어 기도하라고 했고, 응답받을 때까지 부르짖어야 한다고 했다. 기도는 소원 성취의 주술이었다. 이런 말을 들을 때마다 비를 오게 하는 능력이 있다는 인디언 추장 이야기가 생각났다. 한 젊은이가 추장에게 물었다. "어떻게 비를 오게 할 수 있지요?" 추장이 대답했다. "올 때까지 기도하거든." 추장이나 부흥사들의 기도 메커니즘은 똑같았다. 응답받을 때까지 기도하면 응답받지 못하는 기도가 없을 것이고, 그러면 만사형통의 요술이 될 터였다. 오랫동안 기도해도, 심지어 평생 기도해도 응답받지 못하는 기도에 대해서도 염려할 필요가 없다. 그럴 때도 빠져나갈 구멍이 있다. 믿음이 약하다거나 정성이 부족하다거나 헌금이 적다고 하면 되니까.

아무튼 내심 속는 기분이 들었지만 '성축부성(성공·축복·부흥·성장)'에 대한 욕망은 오히려 내 믿음의 부족을 질책했다. 기도 덕분이었는지 교회는 빠르게 성장했다. 3년이 지나자 예배 공간이 가득 찼다. 심지어 확장까지 했다. 한껏 고양된 나는 공동 목회를 시작했다. 겉으로는 새로운 패러다임을 내세웠지만, 무의식의 심연에는 더 크게 성장하려는 욕심과 돋보이려는 욕망이 교묘하게 뒤섞여 똬리 틀고 있었다. (물론 당시에는 그런 분별력이 없었다!)

3년쯤 지나 받아들여야 하는 현실은 참담했다. 많은 사람이 교회를 떠났고, 나는 절망의 수렁에 빠졌다. 무엇보다 나를 힘들게 한 것은 기도였다. 당최 기도할 수가 없었다. 기도할 수가 없으니 설교도 할 수 없었다. 목회 자체가 불가능했다. 절망과 무기력의 늪에 가라앉고 또 가라앉았다. 기도원에 가고 산에 올라 부르짖기도 하며 늪에서 벗어나려고 몸부림쳤으나 그럴수록 더 깊숙이 빠져들어 갔다. 모든 게 무의미하고 부질없었다. 교회 강단에 널브러져 있거나 아파트 후미진 곳에 우두커니 앉아 있는 일이 잦아졌다. 목회를 그만두고 생을 정리하는 망상에 수시로 사로잡혔다.

머무름의 사랑   그러던 어느 날 습관적으로 성경을 펼쳤다. 요한복음 15장이 눈에 들어왔다. 마음 없이 글씨를 좇다가 7절에 이르렀는데 "머물라"는 말이 눈에 띄었다. "너희가 내 안에 머물러 있고, 내 말이 너희 안에 머물러 있으면…." 앞에서도 이야기한 것처럼 이 구절에서 익숙한 대목은 뒷부분이었다. "무엇을 구하든지 다 그대로 이루어질 것이다." 이 한마디에 목숨 걸고 부르짖은 세월이 주마등처럼 스쳐 지나갔다. 하지만 머물라는 말이 눈에 띈 것은 그날이 처음이었다. 레마였다!

미약하게나마 가슴에서 불꽃이 튀는 것을 느꼈다. 죽어가던 나무가 봄기운에 생기를 띠듯 흐리멍덩한 눈에 총기가 서리는 듯했고, 깨질 듯한 머리도 맑아졌다. 그 단락을 여러 번 읽었다. 10절에 이르기까지 "머물라"는 말이 11번이나 되풀이됐다. 비슷한 뜻인 "붙어 있어라"까지 합하면 13번이나 됐다. '머무름'이었다! 예수님은 원하는 것을 구하고 부르짖기 전에 당신의 현존에 '머물기를' 바라셨다. 머무름을 통해 존재 대 존재의 인격적 만남을 원하셨다. 또 예수님은 당신의 속삭임(말씀)이 내 안에 '머물기를' 바라셨다. 마치 마리아가 예수님의 발치에 앉아 사랑의 경청 속에 머물러 있었듯이….

아, 예수님은 사랑을 원하고 계셨다! 그 누구도 아닌 나와의 사랑을! 사랑의 만남과 사랑의 일치를, 사랑의 속삭임과 사랑의 경청을! 묵상이 10절에 이르렀을 때 참았던 눈물이 터졌다.

"내 사랑 안에 머물러 있어라!"

그래, 그게 먼저였다. 기도랍시고 소원 목록을 빚 독촉하듯 부르대기 전에 나는 예수님과 사랑에 빠져야 했다. 어느 책에서 읽은 농부 이야기가 생각났다. 농부는 아침에 일하러 가기 전과 일을 마친 저녁에 꼭 교회에 들렀다. 특별히 하는 일은 없었다. 늘 앉는 자리에 30분 정도 고요히 머물다 가는 게 전부였다. 어느 날, 새로 부임한 목사님이 궁금해하며 물었다.

"매일 아침저녁으로 교회에 오시는 것을 보았어요. 아무것도 하지 않고 가만히 앉아서 뭘 하세요?"

"하나님을 바라보지요."

"하나님을 바라볼 때 하나님은 뭘 하시는데요?"

"그야 저를 바라보시지요."

"서로 바라보며 뭘 하나요?"

"우리는 사랑을 하지요!"

머무름 속에서의 사랑, 그게 농부의 기도였다.

그날, 묵상이 깊어질수록 사랑의 사귐을 갈망하시는 예수님을 외면했던 세월과 욕망으로 달아오른 천박한 기도를 청구서 내밀듯 쏟아낸 세월이 부끄러웠다. 나 자신이 남루하고 냄새나는 누더기를 걸친 거지처럼 느껴졌다. "무엇을 구하든지 이루어질 것이다"라는 말씀은 예수님과 사랑으로 하나 된 순결한 영혼들을 향해서 하신 말씀이지, 성장과 부흥의 이름으로 속된 욕망을 숨긴 음흉한 기도꾼을 향해서 하신 말씀이 아니었다.

기독교적인 그날 나는 기도에 세 차원이 있음을 깨달았다. 첫째, '너희가 내 안에 머무는' 차원. 이때 기도는 하나님과 사귀는 것이다. 둘째, '내 말이 너희 안에 머무는' 차원. 이때 기도는 하나님의 말씀을 경청하는 것이다. 셋째, '무엇이든 구하는' 차원. 이때 기도는 간구하는 것이다.

기도의 세 차원을 기독교 영성 전통에서 각각 관상기도, 묵상기도, 청원기도로 부른다는 것을 나중에서야 알았다. '청원기도'는 내가 말하고 하나님이 들으신다. '묵상기도'는 하나님이 말씀하시고 내가 듣는다. '관상기도'는 하나님의 현존에 머무른다. 청원기도가 '말하는' 기도고, 묵상기도가 '듣는' 기도라면, 관상기도는 '사귀는' 기도, 즉 존재의 기도다. 하나님의 따뜻한 사랑의 현존에 머무는 동안 하나님의 품에 안기고, 하나님께서 나를 안아 주신다. 나와 하나님은 존재 차원에서 하나가 된다.

이런 기도의 경지를 시인은 이렇게 노래했다. "내 마음은 고요하고 평온합니다. 젖뗀 아이가 어머니 품에 안겨 있듯이, 내 영혼도 젖뗀 아이와 같습니다."(시 131:2) 관상기도는 어머니 품에서 쉬듯 하나님의 품에서 쉬는 사랑의 기도다. 이때 기도자가 할 일은 아무것도 없다. 농부처럼 사랑의 감미로움에 잠겨 있는 것 외에는. '기독교적인' 기도는 이런 것이다. 하지만 나의 기도 행습에는 관상기도와 묵상기도를 위한 자리가 없었다. 그나마 묵상기도는 큐티 형식으로 간간이 했지만, 관상기도는 전무했다. 이것이 기도에 관해 내가, 그리고 한국교회가 놓치고 있던 것이다.

묵상이 이쯤에 이르자, 한국교회의 기도와 절에 다니는 할머니들의 기도가 같은 이유가 확연해졌다. 관상과 묵상의 단계를 건너뛰었으니 기도가 욕심에 오염되는 것은 당연했다.

기독교적인 기도의 시작은 하나님의 사랑의 현존에 머무는 것이다(관상기도). 그다음은 사랑의 속삭임, 즉 말씀을 경청하는 것이다(묵상기도). 그런 다음에 바라는 것을 구한다(청원기도). 이때의 청원기도는 관상기도와 묵상기도를 하지 않을 때와 완전히 다르다. 관상기도를 통해 하나님의 사랑의 현존에 머물고, 묵상기도를 통해 사랑의 속삭임을 듣는 동안 기도자 자신이 달라지기 때문이다. 이기적인 욕망이 잦아들고 세속의 욕망을 비운 청원기도는 내 뜻과 욕심을 이뤄 달라는 기도에서 하나님의 나라와 뜻을 구하는 기도로 변형된다. 그런 아름다운 청원기도가 바로 '주님이 가르치신 기도'다.

주님이 가르치신 기도는 하나님 사랑에 머물기를 즐거워하고, 아빠 하나님의 사랑의 속삭임 - "너는 내 사랑하는 아들이다. 내가 너를 좋아한다."(막 1:11) - 을 틈날 때마다 경청하신 예수님의 순결한 영혼에서 우러나온 기도다. 그래서 우리가 하는 청원기도와 형식은 같아도 내용이 판이하다. 주님의 기도는 '성축부성'을 기도하지 않는다. 하나님의 이름이 거룩해지기를, 하나님 나라가 임하기를, 하나님의 뜻이 이루어지기를 기도한다. 일용할 양식을 구할 때조차도 '나에게'가 아니라 '우리에게' 달라고 기도한다. 이미 공동체의 나눔을 지향하고 있다.

나의 청원기도가 욕망을 은폐한 불순한 영혼의 기도라면, 예수님의 청원기도는 욕망을 비운 순결한 영혼의 기도다. 그런 뜻에서 주님의 기도는 '기독교적' 기도의 백미다.

고향으로 그날 깨달은 것이 또 하나 있었다. 관상기도를 통해 하나님의 품에 안기고, 묵상기도를 통해 사랑의 속삭임을 경청하려면 반드시 '침묵해야 한다'는 사실이다. 소리를 지르면서 임의 품에 안길 수는 없다. 소음과 소란 속에서 임의 속삭임을 들을 수는 없다. 안김과 경청은 침묵이 깊을수록 그윽해진다.

침묵의 발견! 이것은 놀라운 은총의 시작이었다. 침묵을 통해 하나님을 새롭게 만났기 때문이다. 침묵은 단순히 소리의 부재가 아니었다. 성스러운 황무지였으며, 원초적 주어져 있음(所與)이었다(피카르트). 하나님은 침묵 안에서 침묵과 함께 침묵의 방식으로 현존하셨다. 하지만 세속의 욕심으로 충혈된 나는 침묵의 고요한 품을 떠나 현대판 다산과 풍요의 신(바알)과 불륜을 저지르고 있었다. 하지만 그날 나는 고향으로 돌아갔다. 침묵 속으로 돌아갔다. 침묵 속에서 사랑의 현존에 머물기를 즐겼고, 침묵 속에서 하나님의 속삭임을 들으려고 마음을 열었다.

그날 이후 욕망에 취해 마구잡이로 떠드는 기도는 차츰 자취를 감추었다. 나는 삼위일체 하나님과 새로운 사랑을 시작했다. 기다리던 신랑을 맞이하는 처녀처럼 가슴이 뛰었고, 영혼에 생기가 돌았다. 나의 기도는 이렇게 치료되기 시작했다.

침묵은,
소리의 부재가 아니었다

청원기도를 하며 소원 목록을 내밀기 전에 예수님은 우리가 하나님의 현존에 머물기를, 머무름 속에서 말씀을 경청하기를 바라셨다. 그러려면 소리를 지르지 말아야 했다. 가만히 침묵해야 했다. 당시의 나는 어떻게 침묵으로 기도해야 하는지, 관상기도는 어떻게 수련하는지 몰랐다. 하지만 침묵과의 만남이 내 기도 순례를 획기적으로 바꾼 것은 분명했다.

침묵은 말 그대로 소리 없이, 천천히, 그러나 분명하게 모든 것을 변화시켰다. 존재 양식, 관계 방식, 삶의 양태, 목회 지향, 기도 수행 등 모든 것에 영향을 주었고, 패러다임 자체를 바꿔놓았다. 변화는 래디컬했다. 일종의 코페르니쿠스적 전환이었다고나 할까. 열매는 풍성했고, 바람직하기까지 했다. 그렇기에 누군가 기도 순례에서 얻은 가장 큰 은총을 꼽으라면 주저 없이 '침묵'이라 말한다.

침묵과의 만남 사실 기독교 영성의 대가들 중에 침묵의 중요성을 이야기하지 않는 사람은 없다. 은수자(隱修者) 요한 클리마쿠스는 "침묵은 하나님의 친구"라고 말한다. 그만큼 하나님과 침묵의 관계가 가깝다는 뜻이다. 마이스터 에크하르트는 "침묵만큼 하나님을 닮은 것은 없다"라고 했으며, 십자가의 성 요한은 침묵을 "하나님의 최초(또는 최고) 언어"라고도 했다.

현대 영성의 거장 토머스 머튼은 이런 말을 남겼다. "침묵과 고독은 내 인생에서 가장 큰 호사다. … 고요 안에 머물라! 하나님 안에서 쉬어라!" 침묵 속에 머무는 것은 하나님 안에서 쉬는 것과 같다. 이처럼 침묵은 하나님과 아주 가까운 신성한 리얼리티다. "하나님은 내가 나에게 가까운 것보다 나에게 가깝다"고 한 아우구스티누스의 수사(修辭)를 흉내 내어 말한다면, "침묵은 하나님이 하나님에게 가까운 것보다 하나님에게 가깝다"고 묘사할 수 있겠다.

하지만 내가 침묵을 하나님과 관련지어 생각한 것은 기독교 영성가들 때문이 아니었다. 기도도 설교도 할 수 없어 망연자실하게 세월만 허송하던 시절의 어느 날, 시선이 서가에 있던 한 권의 책에 머물렀다. 막스 피카르트의 『침묵의 세계』였다. 기대 없이 책을 뽑았고, 기대 없이 몇 줄을 읽었다. "침묵이란 그저 인간이 말하지 않음으로써 성립되는 것이 아니다." 첫 문장부터 침묵에 대한 나의 관념을 건드렸다. 침묵은 흔히 생각하듯 말의 중단이나 소리의 부재가 아니라는 얘기였다. 물론 침묵이 말의 중단과 무관한 것은 아니지만, 그것은 침묵이 소리의 부재여서가 아니라 말을 중단해야 침묵을 뚜렷이 느낄 수 있기 때문이다. 이를 『침묵의 세계』는 이렇게 적고 있었다.

"말이 끝나는 곳에서 침묵은 시작된다. 그러나 말이 끝나기 때문에 침묵이 시작되는 것은 아니다. 그때 비로소 분명해진다는 것뿐이다."

침묵은 이미 현존하는 실재라는 말이다. 말과 소리, 소음과 잡음이 침묵이라는 실재를 가릴 뿐, 그것들이 사라지는 순간 현존하는 실재인 침묵은 스스로 도드라진다. 그래서 피카르트는 침묵을 "원초적 현상"이라거나 "원초적 주어져 있음(所與)"이라고 말한다. 그에 따르면 침묵은 능동적인 것이고 독자적인 완전한 세계다. 보이지도 않고 들리지도 않으며 만질 수도 없는 침묵이 실재(!)라는 깨달음은 나에게 충격 그 자체였다.

침묵과 하나님 침묵이 소리의 부재나 말의 중단이 아니라 원초적으로 주어진 것이며 독자적으로 완전한 실재라는 관념도 충격이었지만, 저자가 묘사하는 침묵의 특징이 하나님의 속성과 동일하다는 사실을 간파했을 때 나는 전율하지 않을 수 없었다.

책은 이렇게 말하고 있었다. "침묵은 독립된 전체이며, 자기 자신으로 인하여 존립하는 어떤 것이다." 이 표현은 나에게 출애굽기에 나오는 "스스로 있는 자"(출 3:14)를 생각나게 했다. 자기 자신으로 인하여 존립하는 것이야말로 스스로 있는 존재이기 때문이다.

　침묵의 특징이 하나님의 속성과 동일하다는 통찰을 담은 문장은 또 있었다. "침묵에는 시작도 없고 끝도 없다. 침묵은 모든 것이 아직도 정지해 있는 존재였던 저 태고 때부터 시작된 듯하다. 말하자면 침묵은 창조되지 않은 채 영속하는 존재다." 이 문장은 침묵의 영원성을 말하는데, 이 또한 하나님의 속성과 동일했다. 하나님이야말로 시작도 없고 끝도 없는 존재, 즉 '무시무종(無始無終)'의 존재이며, 창조되지 않은 채 영속하는 영원한 존재이니 말이다.

　책에 이런 말도 있었다. "침묵은 자기 자신 안에 모든 것을 가지고 있다." 이 문장을 읽었을 때 나는 바울이 골로새 교회에 보낸 편지가 생각났다. "만물이 그분 안에서 창조되었습니다. … 만물은 그분 안에서 존속합니다."(골 1:16~17) 저자는 침묵을 이렇게 묘사하기도 한다. "침묵은 언제나 완전하게 현존하며, 자신이 나타나는 공간을 언제나 완전하게 가득 채운다." 이 대목은 하늘과 땅과 바다에 충만한 하나님의 현존을 노래하는 시편 시인의 말을 생각나게 했다(시 139:8~10). 침묵은 하나님처럼 모든 곳에 충만한 실재였다.

　이런 문장도 나온다. "침묵은 인간의 근본 구조에 속한다." 그런데 침묵이 하나님의 속성을 닮았다면 이 문장은 이렇게 읽을 수 있다. "하나님은 인간의 근본 구조에 속한다." 그것이 바로 하나님의 형상이다. 하나님의 속성이 침묵의 특징과 동일하다면 하나님의 형상은 침묵의 능력을 포함하지 않을 수 없다. 그래서 침묵하지 않고는, 침묵을 배우지 않고는 하나님의 형상을 회복할 도리가 없다.

이처럼 침묵과 하나님은 떼려야 뗄 수 없다. 그래서 막스 피카르트는 "침묵의 배후에는 창조주 자신 말고는 그것과 연관될 수 있는 것은 아무것도 존재하지 않는다"고 서슴없이 말한다. 6세기 시리아의 성 이삭이 말한 "침묵은 하나님이다"라는 대담한 발언이 이해되기 시작했다.

성경과 침묵 침묵에 눈이 열리자, 성경에 나타난 침묵의 위상이 궁금했다. 성경은 침묵에 대해 침묵하지 않았다. 아브라함은 한밤중의 침묵과 정적 속에서 밤하늘의 별을 세며 믿음을 회복했다(창 15:5). 야곱이 하나님의 현존을 경험한 벧엘과 모세가 하나님을 만난 호렙산은 모두 광야라는 광활한 침묵의 공간이었다. 바로의 군대가 이스라엘 백성을 쫓아왔을 때 모세가 백성들에게 요구한 것도 침묵이었고(출 14:14), 여호수아가 여리고 성을 무너뜨릴 때 요구한 것도 침묵이었다(수 6:10). 백성의 침묵은 하나님을 경청하기 위한 여백이었으며 하나님이 일하시는 공간이었다. 모세와 이스라엘 백성이 지은 성막의 지성소는 완전한 침묵의 공간이었으며, 엘리야가 하나님의 현존을 새롭게 체험한 것도 침묵 속에서였다(왕상 19:12). 예언자 하박국은 우상숭배에 빠져 있는 이스라엘 백성들에게 이렇게 선포했다. "나 주가 거룩한 성전에 있다. 온 땅은 내 앞에서 잠잠[침묵]하여라."(합 2:20)

예수님도 침묵을 잘 아시는 분이었다. 공생애를 시작할 무렵 예수님은 광야로 나가셨다. 그곳은 광활한 침묵의 공간이었다. 광야의 침묵 속에서 하나님의 현존에 깊이 머물렀기에 예수님은 인간의 본능적 욕구를 자극하는 악마의 유혹을 물리치실 수 있었다. 예수님은 침묵의 깊이와 능력을 아는 분이셨다. 그래서 아무리 바빠도 침묵의 장소인 '한적한 곳'에서 수시로 기도하셨다. 이른 새벽 한적한 곳의 깊은 침묵 속에서 하나님과 하나 되셨고, 하나님의 뜻을 가슴에 새기셨다.

간음한 여인을 앞에 두고서도 예수님은 침묵에 잠기셨다. 그때의 침묵은 율법을 빙자하여 야비한 폭력을 휘두르던 바리새인들과 군중의 양심을 찌르는 벽력같은 일갈이었다. 반면 남정네들의 욕망과 종교적 폭력의 희생제물이던 여자에게는 부드럽고 포근한 은총의 임재였다. 침묵이라는 신성한 여백 속에서 여자는 예수라는 성육신한 사랑과 용서를 만났다.

예수님이 성전에서 매매하는 사람들에게 극단적인 분노를 터뜨리셨던 까닭 역시 침묵과 관련이 있다. 성전의 침묵이 심각하게 훼손됐기 때문이다. 침묵의 훼손이야말로 하나님의 임재를 방해하는 불경이요 신성모독이었다. 그래서 예수님은 기도하는 집을 강도의 소굴로 만들었다며 절규하듯 분노하셨다.

예수님의 침묵은 십자가에서 절정에 달한다. 십자가에 달리신 예수님은 자신에게 쏟아지는 폭력과 조롱, 침 뱉음 앞에서 침묵하신다. 그럼으로써 새로운 하나님 경험을 인류에게 증언하신다. 엄청난 폭력 앞에서 속수무책으로 당하는 '비폭력의 무기력한 하나님' 말이다. 그런데 그런 하나님 속에 구원의 힘이 있음을 제자들은 나중에야 깨닫는다. 무기력한 비폭력의 힘을!

기독교 신앙은 침묵 속에서 잉태되고 자란다고 해도 과언이 아니다. 침묵은 성 삼위 하나님이 현존하시는 공간이요, 하나님이 직접 일하시는 여백인 까닭이다. 침묵은 기독교의 아름다운 덕들이 싹트고 자라는 온실이기도 하다. 성령의 열매는 침묵의 영지에서 자라는 은혜의 열매다. 따라서 침묵이 거북하고 낯설다면 그것은 신앙의 본류에서 벗어났다는 증거다. 침묵의 부재는 하나님 현존 체험의 부재이기 때문이다.

발견
PART 2.

나는 영혼의 어두운 밤을 지나면서

새로운 기도의 언어를 배웠다.

무위와 머무름,

침묵과 현존이라는

매우 낯선 언어를!

간구인가,
기도인가?

　침묵과의 만남은 기도의 패러다임을 완전히 바꿔 놓았다. 침묵은 모든 기도의 바탕이었다. 이는 종이라는 여백 없이 글을 쓸 수 없고, 대지라는 바탕 없이 생명이 살아갈 수 없으며, 배경 없이 사물들이 존재할 수 없는 것과 마찬가지다. 의식하든 의식하지 않든 모든 기도에는 침묵이 스며 있다. 심지어 통성기도조차 침묵과 무관하지 않다. (이 점은 통성기도의 관상적 차원을 논할 때 이야기하려고 한다.)

　사실 침묵 속에 머무르는 것 자체가 훌륭한 기도다. 침묵과의 만남과 함께 기도 순례를 획기적으로 발전시킨 것은 '기도와 간구의 분별'이었다. 계기는 단순한 궁금증이었는데, 사도 바울은 디모데에게 보낸 편지에서 이렇게 권고한다. "나는 무엇보다도 먼저, 모든 사람을 위해서 하나님께 간구와 기도와 중보 기도와 감사 기도를 드리라고 그대에게 권합니다."(딤전 2:1) 바울은 빌립보교회에 보낸 편지에서도 기도와 간구를 구별해서 쓴다. "아무것도 염려하지 말고, 모든 일을 오직 기도와 간구로, 여러분이 바라는 것을 감사하는 마음으로 하나님께 아뢰십시오."(빌 4:6) 에베소교회에 보낸 편지에서도 바울은 기도와 간구를 구별한다. "온갖 기도와 간구로 언제나 성령 안에서 기도하십시오."(엡 6:18)

어느 날 불현듯 궁금했다. '간구는 뭐고, 기도는 뭐지?'

데에시스와 프로슈케 간구에 해당하는 그리스어 '데에시스(δέησις)'는 신약성경에 18번 나오고, 기도에 해당하는 그리스어 '프로슈케(προσευχή)'는 37번 나온다. 데에시스(간구)는 프로슈케(기도)에 포함되지만 부분일 뿐이다. 기도에는 간구가 담지 못하는 심오한 차원이 있다. 간구의 목표가 인간의 필요를 해결하기 위해 하나님께 요청하는 것이라면, 기도의 목표는 하나님과 소통하고 더 나아가 깊이 사귀는 것이기 때문이다.

윌리엄 바클레이는 디모데전서 2장 1절을 주석하면서 이렇게 말한다.

"(요구를 뜻하는) '간구'는 엄밀하게 말해서 종교적인 용어가 아니다. 이 말은 하나님께 요구할 때뿐만 아니라 인간에게 요구할 때도 쓸 수 있다. 간구의 바탕에 깔린 것은 결핍감이다. 간구는 결핍감과 더불어 시작된다. '기도'는 다르다. 간구는 하나님뿐 아니라 인간에게도 할 수 있지만, 기도는 오로지 하나님께 할 때만 쓰인다. 하나님만이 채우실 수 있는 결핍, 하나님만이 주실 수 있는 용서, 하나님만이 주실 있는 확실성이 있는 것이다."

결핍감에서 시작하는 '간구'는 사람에게도 할 수 있다. 사람이 결핍을 채워준다면 굳이 하나님께 간구하지 않아도 된다. 하지만 '기도'는 하나님께만 할 수 있다. 하나님만이 주실 수 있는 것이 있기 때문이다.

하나님만이 주실 수 있는 최고·최선·최상의 것은 무엇일까? 바클레이는 하나님만이 채우실 수 있는 결핍, 하나님만이 주실 수 있는 용서와 확실성을 언급하지만 이 외에도 많다. 사랑, 기쁨, 화평, 인내, 친절, 선함, 신실, 온유, 절제 같은 "성령의 열매"(갈 5:22)도 하나님이 주시는 것이다. 사도 야고보는 "온갖 좋은 선물과 모든 완전한 은사"가 "빛들을 지으신 아버지께로부터" 내려온다고 말한다(약 1:17). 이뿐 아니라 간절히 구한 것에 대한 응답들도 하나님이 주시는 것에 포함된다. 하지만 그 이상의 것이 있다.

하나님 자신이다! 향심기도의 선구자 중 한 사람인 윌리엄 메닝거는 『사랑의 탐색』에서 이렇게 말한다. "하나님이 현세에서나 내세에서 그대에게 주실 수 있는 가장 큰 선물은 하나님 자신입니다." 아브라함에게 하나님은 가장 큰 '상급'이었으며(창 15:1), 다윗에게 하나님은 '내가 받을 유산의 몫'이었다(시 16:5). 그래서 다윗은 "하나님은 나의 주님, 주님을 떠나서는 내게 행복이 없다"(시 16:2)라고 고백했다. 프로슈케(기도)가 구하는 것이 바로 하나님이다. 기도란 하나님을 구하면서 하나님과의 '상호내주(서로 현존)' 또는 사랑의 일치 속에 머무는 것이다. 결국 기도란 하나님과의 깊고 친밀한 관계(사귐, 연합, 교제, 통교, 일치)를 갈망한다.

기도가 하나님과 깊은 관계를 목적으로 함은 어원 분석을 통해서도 알 수 있다. 그리스어 '프로슈케'는 '프로스(πρός, ~향하여)'와 '에우케(εὐχή, 서원)'를 합친 말로 '하나님께 서원한다'는 의미를 지닌다. 그런데 서원은 반드시 하나님과의 관계를 전제로 이뤄지며, 반드시 지켜야 한다. 하나님과의 관계는 서원을 지켜야 유지되고 어기면 깨지고 만다. 따라서 서원에서 파생한 프로슈케, 곧 기도는 서원을 지킴으로써 하나님과의 관계를 깊게 함을 목적으로 한다.

예수님의 프로슈케　　신약성경은 하나님과의 관계를 위한 기도에 '프로슈케'를 사용한다. "그 무렵에 예수께서 기도하려고 산으로 떠나가서, 밤을 새우면서 하나님께 기도하셨다."(눅 6:12) 예수님의 기도는 밤을 새워가며 하나님의 현존에 머무는 것이었다. 예수님이 성전에서 장사하는 사람들을 내쫓으시며 "내 집은 기도하는 집이 될 것이다."라고 하셨을 때 사용한 단어도 프로슈케다. 하나님의 집은 하나님과 사귀는 곳이지 이기적 욕망을 채우는 곳이 아니다. 겟세마네 동산에서 하신 기도는 청원기도의 형식을 취한다. "아버지, 내게서 이 잔을 거두어 주십시오." 이어서 "내 뜻대로 되게 하지 마시고, 아버지의 뜻대로 되게 하여 주십시오."라고 기도하신다. 복음서는 예수께서 기도를 마치고 일어나셨다고 묘사하는데, 이때도 프로슈케를 사용한다.

예수님은 기도를 통해 모든 것을 맡김으로써 하나님과 깊은 합일에 들어가셨다. 공생애 시작 전에 예수님은 광야에서 유대교 전통과는 전혀 다른 하나님을 경험하신다. 무서운 하나님이 아니라 사랑의 하나님 말이다. 이것은 광야의 침묵 속에서 하나님과 깊은 친교를 하며 형성된 새로운 하나님 경험이었다. 이런 경험이 있었기에 예수님은 하나님을 '아빠'라고 부르실 수 있었다. 예수님은 공생애 기간 내내 수시로 '외딴 곳(한적한 곳)'을 찾으셨는데(막 1:45), 하나님과의 친교를 위한 침묵의 성소가 필요했기 때문이다.

사도행전의 프로슈케   사도행전에는 제자들의 다락방 기도가 나온다. 예수께서 승천하신 직후다. 예수님의 승천은 놀라운 사건이지만 큰 상실의 경험이기도 했다. 예수님을 더는 볼 수 없었기 때문이다. 스승 예수가 십자가에서 죽는 과정에서 그들은 비겁했다. 스승을 모른다고 잡아뗐고, 스승을 버리고 도망하기도 했다.

그러나 부활하신 그리스도를 만난 뒤로 예수님과 새로운 교제를 시작했다. "네가 나를 사랑하느냐?"라는 질문을 세 번이나 받은 베드로가 대표적이다. 제자들은 예수님의 증인이 되겠다는 각오를 다지고 있었다(행 1:8). 하지만 이 각오는 부활하신 예수님이 함께하신다는 전제에서 가능한 것이었다. 그런데 승천을 통해 예수님이 구름에 싸여 보이지 않게 되자, 제자들은 상실감이 컸다. 망연자실하게 하늘을 쳐다보는 제자들에게 천사가 "너희를 떠나서 하늘로 올라가신 이 예수는, 하늘로 올라가시는 것을 너희가 본 그대로 오실 것이다"(행 1:11)라고 말해 주었다. 하지만 제자들은 그 의미를 제대로 이해하지 못했다. 그들이 할 수 있는 것은 다락방에 모여 기도하는 일이었다.

이때 이들의 기도는 어떤 성격이었을까? 구름 속으로 사라진 예수를 그리워하는 기도였을 것이다. 더는 볼 수 없는 예수를 그리워하면서 예수의 현존에 깊이 머무르는 기도였을 것이다. 뜨거운 마음으로 예수님과 사랑의 교제를 나누는 기도였을 것이다. 그럼으로써 예수님이 육신으로 현존하셨을 때보다 더욱 깊은 일치를 느꼈을 것이다. 이때 제자들이 한 기도에 사용한 그리스어는 당연히 프로슈케다.

오순절 성령 사건은 바로 이러한 기도의 토대 위에서 일어났다. 초대교회는 이러한 기도를 본받았다. 사도의 가르침을 받아 서로 교제하고 떡을 떼며 오로지 기도하기에 힘썼다. 초대교회가 한 기도도 프로슈케 곧 하나님과의 친밀한 소통과 사귐과 관계를 위한 기도였다. 관계의 차원을 망각할 때 간구는 소원 성취의 주술로 변질한다.

'황무지'의 프로슈케   웨일스어로 시를 쓴 시인이자 영국 성공회 사제 R. S. 토머스는 시 '황무지'에서 기도가 무엇인지를 묘사하고 있다.

> 그곳은 나에게 성소였다.
> 나는 조심스럽게 그리로 걸어 들어갔다.
> 모자를 벗어든 채 숨을 죽이고.
> 그곳은 고요했다.
> 들리는 소리라고는 아무것도 없었다.
> 바람이 풀 위에서 움직일 때마다
> 눈을 적시는 빛나는 색깔들 속에서
> 하나님이 거기 현존하신다는 게 느껴졌다.
> 말로 기도할 필요는 없었다.
> 가슴에 품었던 열정들이 고요해지는 것,
> 그것이면 기도는 충분했다.
> 겸비하고 가난해진 나는 계속 걸었다.
> 걷는 동안 공기는 빵처럼
> 너그러이 부서져 내리고.

고요한 침묵 속에서 하나님의 현존에 머무는 기도면 충분하다. 그러면 "가슴에 품었던 열정들이 고요"해지며, 마음은 자신의 왕국을 침묵에 이양한다. "겸비하고 가난해진" 영혼은 하나님과 깊은 사귐에 들어간다. 그 친밀한 사귐 속에서 "빵처럼 너그러이 부서져 내리는" 은혜를 맛보는 영혼은 배부르다.

19세기 영국 소설가 조지 앨리엇의 『아담 비드(Adam Bede)』에 감리교 선교사 다이나 모리스가 기도하는 모습이 나오는데 일상의 기도를 잘 묘사한다.

그녀는 한동안 헌신했던 공동체를 떠날 준비를 하는 중이었다. 그녀는 자신이 사랑했던 사람들과 그들의 곤고한 삶을 생각하면서 침실 창가에 앉아 기도했다.

"생각들의 무게가 너무 무거워 그녀는 달빛 비치는 들판의 형언할 수 없는 고요를 즐길 수 없었다. 그녀는 눈을 감았다. 사랑의 현존을 좀 더 강렬하게 느낄 수 있었다. 그것은 하늘과 땅에서 부는 미풍보다 더 부드러웠다. 다이나는 홀로 있을 때 그런 식으로 기도했다. 그냥 눈을 감을 채 자신을 둘러싸는 신적 현존을 느끼는 것! 그렇게 기도하다 보면 두려움과 불안은 따뜻한 바다에 떠 있는 얼음 조각이 녹듯 사라져 버렸다."

다이나에게 기도는 깊은 침묵의 고요 속에서 하나님의 사랑의 현존을 느끼는 것이었다.

엄마의 기도

나는 기도세미나를 인도할 때마다 사람들에게 묻는다. 한국교회는 기도하는 교회냐고. 한국교회에 기도가 있느냐고. 그러면 질문받은 사람들은 나를 이상하게 쳐다본다. 답이 뻔하지 않냐고 되묻는 표정이다.

어떤 목사님은 기독교 역사상 한국교회처럼 열심히 기도하는 교회가 어디 있느냐고, 기도로 한국교회가 부흥 성장하지 않았느냐며 훈계조로 반문하기도 한다. 나는 그런 반응에 맞장구치지 않고 도발적으로 말한다. 한국교회처럼 기도하지 않는 교회는 없다고! 그러면서 한국교회에는 아예 기도가 없다며 한숨짓는다. 그러면 사람들은 어안이 벙벙한 표정을 짓는다.

이 글을 쓰는 지금도 한국교회에 기도가 없다는 생각에는 변함이 없다. 그 이유는 '간구인가, 기도인가?'라는 제목의 앞글에서 밝혔다. 한국교회에 간구는 있어도 기도는 없다. 삶의 결핍과 필요를 채우고, 문제를 해결하고, 욕망을 충족하려는 간구(데에시스)는 있어도, 서원을 갖는 심정으로 하나님과의 관계를 깊고 친밀하게 하려는 기도, 궁극적으로 하나님과 하나 되려는 기도(프로슈케)는 없다.

간구의 딜레마 물론 간구도 넓은 의미에서는 기도다. 그리고 진실하고 간절하다면 간구하는 동안에도 하나님과의 관계는 유지된다. 간구한다는 것 자체가 하나님과의 관계를 전제로 한다. 하지만 간구의 목적은 하나님과의 깊고 친밀한 관계에 있지 않다. 간구의 목적은 응답이다. 그런데 이러한 간구의 목적이 기도자를 딜레마에 빠지게 한다. 응답이 돼도 문제요 안 돼도 문제인 까닭이다.

응답받지 못할 때의 문제는 실망하는 것이다. 실망은 하나님을 향한 원망으로 발전한다. 실망과 원망은 그나마 유지하던 하나님과의 관계마저 끊어버린다.

예솔이 엄마가 그랬다. 안타깝게도 예솔이는 초등학교 입학 전에 백혈병 진단을 받았다. 예솔이 엄마는 할 수 있는 모든 치료를 받았을 뿐 아니라, 기도에도 매달렸다. 새벽기도는 물론 철야기도에도 빠지지 않았다. 기도원에 들어가 금식하며 고쳐 달라고 빌었고, 교회에서 부흥회가 열릴 때마다 강사 목사님에게 안수기도를 받았다. 성도들도 함께 중보했다. 하지만 예솔이 엄마는 기도 응답을 받지 못했다. 예솔이를 가슴에 묻고 난 뒤로 예솔이 엄마를 교회에서 볼 수 없었다.

응답받지 못할 때는 그렇다 하더라도 응답받았을 때는 무엇이 문제일까? 기도할 필요를 더는 느끼지 못하는 것이다. 화장실 들어갈 때와 나올 때가 다른 것처럼, 응답을 받고 나면 '간절함'이 사라진다. 사실 요즘 한국교회가 겪는 기도의 문제가 이것이다. 생존 문제가 급했을 때 한국교회는 절규하듯 간구했다. 기도 덕인지 근대화 덕인지 한국은 보릿고개를 넘었고, 선진국 반열에 들어섰다. 하지만 먹고 살 만해진 요즘은 간구가 예전만큼 절실하지 않다. 간구의 동력이 떨어졌기 때문이다.

실제로 기도가 예전처럼 되지 않는다는 이야기를 자주 듣는다. 그런 고백을 하는 사람들은 걱정도 토로한다. 믿음이 약해지거나 나태해진 것은 아닐까 하는…. 목회자들도 사정이 크게 다르지 않지만 솔직하게 인정하는 목회자는 많지 않은 것 같다.

간구에 응답받을 때의 문제는 기도의 동력을 잃는 것만이 아니다. 자기의 정성(힘)으로 하나님을 움직였다는 자부심에 빠질 수 있고, 하나님을 조종 대상으로 여길 위험도 있다. 최악의 위험은 자기의 욕망을 하나님의 뜻으로 포장하는 경우다. 사실 목회자의 의식적·무의식적 야망을 하나님의 뜻으로 교묘하게 둔갑시키는 경우가 적지 않다. 교회 성장에 대한 강박을 하나님의 비전으로 포장하고, 영향력 확대를 영적 리더십으로 포장하며, 자기성취 욕구를 하나님의 영광으로 포장한다. 목회자를 향한 건강한 비판을 사탄의 공격이나 믿음 없는 자들의 불순종으로 규정하기도 한다.

엄마의 기도   요즘 따라 엄마의 기도가 많이 생각난다. 엄마는 기도하는 분이다. 물론 엄마의 기도도 한결같이 간구로 시작됐다. "사랑과 은혜가 풍성하신 하나님, 제게 주신 칠 남매 주님의 장중에 붙들어 주시고…"로 시작하여 섬기는 교회와 사역자들을 위한 간구, 위정자들과 지도자들을 위한 간구, 국가 번영과 사회의 안녕을 위한 간구, 남북통일을 위한 간구, 그런 다음 하나님의 뜻이 하늘에서처럼 땅에서도 이루어지게 해달라는 간구로 끝난다. 물론 그때그때 겪는 삶의 문제를 해결해 달라는 간구도 하고, 어려운 사람들을 위한 중보기도도 빼놓지 않는다.

그런데 삼십 분에서 한 시간가량 간구하고 나서도 엄마의 기도는 끝나지 않는다. 구할 것을 다 구한 엄마는 한동안 침묵 속에 머문다. 기억·상상·추론 같은 정신 작용이 멈추고, 엄마를 괴롭혔던 삶의 염려나 걱정 등의 수많은 생각이 비워진 상태에서 엄마는 하나님의 사랑의 현존에 고요히 머문다. 그러다가 이따금 깊은 숨을 내쉬듯 "아버지!" 하고 한마디 뱉은 다음 다시 침묵에 잠긴다. 한동안 고요와 정적의 아우라가 엄마를 감싼다.

엄마의 기도는 정확하게 간구와 기도로 나뉜다. 온갖 기도 제목을 아뢸 때는 결핍이나 문제 해결을 위한 '간구'를 한 것이고, 간구 후에 하나님의 현존에 머무를 때는 침묵 속에서 하나님과 교제하는 '기도'를 한 것이다. 이때가 새로운 기도의 시작임을 나는 관상기도 수련을 오랜 세월 하고 나서야 깨달았다. 기독교 영성 전통은 이러한 상태를 '고요의 기도(prayer of quiet)'라고 일컫는다.

"고요의 기도 상태에 있을 때 기도자의 의지는 하나님의 현존에 대한 친밀함에 사로잡히고, 내면엔 고요와 평화가 깃들고, 행복이 샘솟는다. 영혼은 그 어떤 것도 부족함을 느끼지 않는다. 이때 말하는 기도는 영혼을 피곤하게 할 뿐이다. 영혼은 사랑 외에 아무것도 하지 않으려 한다."(조턴 오먼, 「영성신학」)

아마 기도 좀 한 사람이면 누구나 이런 경험을 했을 것이다. 열심히 부르짖고 난 뒤 고요하고 텅 빈 상태에서 하나님의 현존에 머무르는 경험 말이다. 그 머무름 안에서 고요와 평화, 세상이 주지 못하는 영적 행복을 맛보았을 것이다. 이때가 하나님과의 관계가 한결 깊어지고 친밀해지는 때다.

하지만 한국교회는 '고요의 기도'를 기도로 쳐주지 않는다. 그것이야말로 진정한 기도의 시작인데 말이다. 그래서 글머리에서 한국교회는 기도하지 않는 교회이며, 기도가 아예 없다고 단정지었던 것이다. 한국교회의 영적 빈곤도 이 때문이다.

할머니의 기도 코로나 팬데믹 전에 교회 여성 지도자들을 대상으로 기도세미나를 한 적이 있다. 그때도 간구와 기도의 구별과 고요의 기도에 관해 이야기했는데, 쉬는 시간에 어느 권사님이 찾아와 탄성 지르듯 말했다. "어머, 목사님! 제가 기도를 하고 있었네요!" 그러면서 내 손을 잡고 고맙다는 말을 연신 되풀이했다. 뭐가 고맙냐고 물었더니 사정이 이랬다. 몇 년 전부터 기도가 잘 안 되더라는 것이다. 새벽기도회는 물론 철야기도회 때도 남들처럼 통성으로 부르짖기는 하는데, 하고 나면 왠지 가슴이 헛헛했다는 것이다. 그런 일이 되풀이되면서 신앙에 문제가 생긴 것 같아 속앓이하던 중이었다. 권사님은 말을 이었다.

"새벽기도회 끝나고 집에 돌아와 소파에 고요하게 앉아 정성껏 키운 꽃들을 보고 있으면 참 평화롭고 행복해요. 하루 중 하나님의 임재를 가장 생생하게 느끼는 때도 그때예요. 마음엔 형언할 수 없는 기쁨이 가득 차고요."

그런 상태를 기도라고 생각해 본 적 없었는데 목사님 이야기를 듣고 자기가 기도하는 사람이었음을 깨달았으니 어찌 고맙지 않냐는 것이었다. 그런 말을 남기고 환하게 미소 지으며 자리로 돌아가던 권사님의 모습이 아직도 눈에 선하다.

러시아 정교회 대주교이자 영성 작가인 안토니 블룸의 『기도의 체험』은 102세 된 할머니의 일상의 기도를 소개한다. 할머니는 오랫동안 기도생활을 했지만 하나님의 현존을 느낄 수가 없었다. 고민을 말하자 사제는 "할머니, 이제는 기도하지 마세요. 할머니만 계속 말하니까 하나님이 말씀하실 틈이 없잖아요"라고 대답했다. 어떻게 하면 좋겠냐고 묻자 이렇게 말했다.

"아침 식사 후에 바로 방에 들어가셔서 안락의자를 어두운 곳에 놓으세요. 그리고 성화 옆에 조그만 등불을 켜고 가만히 앉아서 방을 둘러보세요. 그다음에는 하나님 앞에서 15분 동안 뜨개질을 해

보세요. 절대로 기도를 하면 안 됩니다. 그저 뜨개질만 하면서 방 안에서 평화롭게 앉아 계세요."

얼마 후에 다시 만난 할머니에게 그대로 했냐고 사제가 묻자 할머니는 이렇게 대답했다.

"하라는 대로 했어요. 아침을 먹고 15분 동안 안락의자에 앉아서 '기도하지 않아도 괜찮으니 참 좋구나!' 하고 생각하면서 주위를 둘러보았습니다. 그때 처음으로 정원을 향해 창문이 열려 있고, 넉넉하고 아름다운 내 방이 정말 좋다고 느꼈어요. 나는 뜨개질을 시작했어요. 그러는 동안 점점 침묵을 의식하게 되었지요. 침묵이 단지 소음이 없는 것이 아니라 그 이상의 무엇임을 느끼기 시작했어요. 침묵 안에는 어떤 깊이와 풍요로움이 있었고, 그것이 나를 둘러쌌습니다. 나를 둘러싼 침묵이 내 안에 있는 침묵과 만나기라도 한 것 같았지요."

그런 다음 할머니는 이 말을 덧붙였다.

"침묵이 곧 하나님의 현존임을 깨달았습니다. 침묵의 중심에 모든 평온과 모든 평화이신 하나님이 계셨습니다."

기도하는 사람 장신대에서 영성학 교수로 있다가 은퇴한 유해룡 교수는 기독교적인 기도를 "삶의 주인이신 주님과의 인격적인 교제", "친밀한 우정을 쌓아가는 과정"이라고 하면서 이런 말을 덧붙인다.

"기도는 단지 우리 자신의 존재로 하나님의 자유로운 영의 역사하심에 자연스럽게 응답하는 행위이며, 하나님을 향하여 우리 마음을 개방하는 일이다. 자유롭게 하나님을 향하여 마음이 개방되었을 때 비로소 성령의 역사를 감지하며, 비로소 기도자는 하나님과 자유로운 교제를 시작한다."(유해룡, 『기도 체험과 영적 지도』)

기도란 "하나님의 자유로운 영의 역사하심", 곧 하나님의 임재와 현존에 마음을 개방하는 것이다. 이때 "기도자는 하나님과 자유로운 교제를 시작한다." 기도를 이렇게 이해하면 기도가 갑자기 풍부해진다. 모든 곳에 현존하시는 하나님을 의식하면서 마음을 개방하는 경우의 수는 무한하기 때문이다. 산책하면서 하나님의 현존에 마음을 개방한다면 산책이 기도다. 설거지하면서 하나님의 현존에 마음을 개방한다면 설거지가 기도다.

이런 길벗도 있었다. 어느 날 저녁 반찬으로 멸치볶음을 하려고 조용한 거실에 앉아 멸치 똥을 따고 있었는데 하나님의 임재와 사랑이 강하게 느껴지더라는 것이다. 그에게는 하나님을 의식하며 멸치 똥을 따는 게 기도였다. 얼마 전 관상기도세미나에서 이런 얘기를 나누고 나서 한 길벗에게 소감을 물었더니 이렇게 대답했다.

"마음이 편하고 해방감을 느껴요!"

그는 화가였다. 그림 그리는 행위가 기도일 수 있음을 깨닫고 기뻐하면서 이런 말을 덧붙였다.

"내가 기도하는 사람이었네요!"

살려고
했어요

　신학교 다니는 내내 나는 목회에 거부감을 갖고 있었다. 젊은 신학도의 눈에 비친 한국교회는 병들어 있었다. 한국교회는 '기독(基督)' 교회가 아니라 '기복(祈福)' 교회였다. 대형 교회를 중심으로 성축부성을 약속하는 '번영신앙'은 빠른 속도로 한국교회에 퍼지고 있었다.

　덴마크의 기독교 철학자 키르케고르가 '절망'을 죽음에 이르는 병이라고 했다면, "이백 년 가까이 지난 지금은 절망이 아닌 희망, 곧 번영복음이 약속하는 밝은 미래가 우리를 죽음으로 몰아가고 있다. 말인즉 희망이지만 죄도 이기지 못하고 절망도 극복하지 못하는 거짓 희망이다. 키르케고르가 지적한 절망보다 더 비참한 우리 시대의 거짓 희망이 오늘 한국교회의 목을 죄고 있다."(권수경, 『번영복음의 속임수』)

목회할 결심   이뿐 아니었다. 내가 경험한 한국교회는 율법적 유대교 또는 교조적 유교의 변종으로 보였다. 율법적 독선과 오만, 교리적 독단과 배타성이 강했기 때문이다. 나와 '다른' 것은 '틀린' 것으로 매도되기 일쑤였다.

사실 내가 그랬다. 나는 근본주의적인 장로교회에서 어린 시절을 보냈는데, 초등학생 주제에 다른 교회 - 감리교회였다 - 에 다니는 급우를 이단이라고 정죄했고, 지옥 갈 것이라고 저주했다. 어쨌든 탐욕의 종교와 살기(殺氣)의 종교는 기독교일 수 없었다. 이러한 부정적인 인식을 품고 목회한다는 것은 불가능했다. 내 마음 한구석에서는 목회 현장을 탈출하려는 생각이 늘 똬리를 틀었다.

계속 목회하기로 결심한 계기는 의외로 단순했다. 서른 무렵의 어느 날, 내면 깊은 곳에서 한 소리가 들려왔다. '너를 낳고 길러주신 엄마가 죽을병에 걸렸다면 버릴 건가?' 그렇다면 사람이 아니었다. 사실 나에게 교회는 어머니나 마찬가지였다. 유년기에서 청년기까지 나를 형성한 것은 교회라는 품이었다. 교회에서 성경만 배운 것이 아니었다. 영어와 음악도 교회에서 배웠고, 이성에게 처음 설렌 곳도, 문학적 감수성을 키운 곳도 교회였다. 따라서 어머니 같은 교회가 병들었다고 외면하거나 목회를 그만둔다면 그만한 배신도 없을 터였다. 생각이 여기에 미쳤을 때 나는 병든 자식이 엄마를 껴안듯이 한국교회를 가슴에 품었다. 목회는 운명이 되었다.

내 목회는 정확하게 둘로 나뉜다. 관상기도를 만나기 전 20년과 관상기도를 만나고 나서 20년! 만일 누가 평생 받은 하나님의 은혜

중에서 최고를 뽑으라고 한다면 나는 주저하지 않고 '관상기도'라고 말하겠다. 예수님은 하늘나라를 '밭에 숨겨 놓은 보물'에 비유하셨는데, 보물을 발견한 사람은 가진 것을 다 팔아 그 밭을 산다. 나에게는 관상기도가 밭에 숨겨 놓은 보물이다. 관상기도는 나에게 "불멸의 기쁨과 사랑의 열매를 거두게 한다. 영원한 기쁨과 천상의 사랑을!"(밀턴, 『실낙원』)

그렇다 보니 관상기도를 꾸준히 수련하게 됐고, 관상목회를 하고 관상기도 전도자가 됐다. 그런 내가 신기한지 사람들은 종종 질문을 한다.

"목사님은 왜 관상기도를 하게 됐어요?"

그러면 나는 뜸을 들였다가 한마디 한다.

"살려고 했어요!"

관상기도는 나를 살렸다. 관상기도가 없었다면 목회도 계속하지 못했을 것이고, 지금 이 글을 쓰고 있지도 않을 것이다. 아니다! 아예 이 세상에 없었을지도 모른다.

험악한 세월 이렇게 말하는 이유가 있다. 앞에서 말한 것처럼 교회를 개척하고 나서 기대 이상으로 부흥하자, 평소에 꿈꾸었던 '공동 목회'의 이상을 실천에 옮겼다. 그게 사단이었다. 상황은 생각한 대로 흘러가지 않았다. '인간의 셈법'으로 따지면 완전한 실패였다. '하나님의 시선'으로 보면 엄청난 은총이었다는 뜻이기도 하다. 여기서 공동 목회를 하게 된 동기와 진행 과정, 그 결

말을 자세히 말하기는 어렵다. 다만 그로 인해 내 삶과 목회가 야곱의 표현처럼 "험악한 세월"(창 47:9)의 소용돌이에 휘말렸다는 것만 언급하기로 하자.

험악한 세월을 겪는 동안 나는 아무것도 할 수 없었다. 목회, 가정, 관계, 경제 등 모든 현실이 엉망이 되어버렸다. 여기에 홈페이지 악성 댓글에도 시달렸다. 그때만 해도 홈페이지가 있는 교회가 드물었다. 개척교회가 홈페이지를 운영한다면 첨단이었다. 하지만 그것이 화근이 될 줄은 꿈에도 몰랐다. 상황이 꼬이자 정체불명의 악성 댓글이 수없이 달렸다. 악플러들은 익명 뒤에 숨어 인신공격을 퍼부었고, 사실을 악의적으로 왜곡했다. 이기(利器)가 흉기로 변한 셈이었다. 나는 속수무책으로 매도당했다. 나를 딱하게 여긴 한 교인은 경찰 수사를 의뢰하자고 했지만 그렇게까지 하고 싶지는 않았다.

무엇보다 나를 힘들게 한 것은 무력감이었다. 본능적 욕망이나 추구하던 이상을 실현할 수 없어 좌절할 때, 사람들은 감정적으로 세 가지 반응을 보인다. 첫째, 우울. 불만을 속으로 삭이는 경우다. 둘째, 분노. 좌절감을 바깥으로 터뜨리는 경우다. 셋째, 무기력. 생의 에너지가 고갈되는 경우다.

4세기 사막 교부 에바그리우스가 말하는 '아케디아(akedia)'가 셋째 상태와 비슷하다. '정오의 악령'이라고 부르는 아케디아에 빠지면 수도승들은 "마치 하루가 50시간인 것처럼 느낀다. 시선을 계속 창밖으로 돌리며 누군가 오지 않는지 두리번거리며 살핀다."(『프락티코스』) 에바그리우스는 아케디아에 대해 이렇게 말하기도 한다.

"아케디아의 악령은 독서와 묵상을 단념하게 하고 영적 가르침에서 멀어지게 한다. 희망을 무너뜨리고 주님을 찬미하지 못하게 방해한다. 아케디아에 빠지면 희망을 꺾고 손노동을 포기하고 태만하게 몸을 벽에 기댄다."(『안티레티코스』)

나의 무력감은 에바그리우스가 묘사하는 아케디아와 비슷하면서도 증상은 훨씬 심각했다. 에바그리우스의 말처럼 독서와 성경 묵상은 불가능했고, 희망도 꺾였다. 손노동뿐 아니라 모든 일을 포기했고 아예 시체처럼 바닥에 널브러졌다.

그렇게 휘몰아친 험악한 세월의 풍파는 나에게 있는 생기란 생기를 몽땅 빼앗았다. 목회와 삶의 원동력이던 생기가 한 오라기도 남지 않았다. 상황을 극복하려고 할수록 무기력의 늪은 아가리를 크게 벌리고 나를 삼켰다. 내 영혼은 메마르고 내면은 황폐해졌다.

번아웃이 아니라   목회는 끝난 것이나 다름없었다. 개척 창립예배 때 사람들 앞에서 "사는 만큼 목회하고 목회하는 만큼 살겠다"고 공언했었다. 그렇기에 목회가 끝났다면 삶도 끝난 것이었다. 내가 경험한 아케디아의 악령은 단순한 번아웃(탈진)이 아니었다. 그것은 영혼의 절망으로, 생을 끝장낼 태세로 나를 휘감았다.

그런 상황에서 내가 한 유일한 일은 교회 강대상 뒤편에 숨은 듯이 앉아 있는 것이었다. 허구한 날 시간만 나면 우두커니 앉아 있었다. 하나님을 부를 수도 없었다. 내 의식에서 하나님이라는 단어는 사라지고 말았다. 예배도 상투적으로 느껴졌고, 습관적으로 반복하는 것이 역겨웠다. 하지만 속으로는 절규하고 있었던 것 같다. "언제까지 나를 잊으시렵니까? 언제까지 나를 외면하시렵니까? 언제까지 고통을 받으며 괴로워하여야 합니까?"(시 13:1~2) 다윗이 말한 "사망의 음침한 골짜기"를 지나고 있었고, 십자가의 성 요한이 말한 "영혼의 어두운 밤"을 통과하고 있었다.

지금 돌아보면 그 과정은 은총이었다. 사망의 음침한 골짜기를 지나면서 정화되었고, 영혼의 어두운 밤을 통과하면서 새로운 영적 여정을 준비하고 있었기 때문이다. 하지만 당시에는 아무것도 보이지 않았다. 정말이지 영겁처럼 느껴지는 절망의 터널을 한 줄기 빛도 없이 지나야 하는 험악한 세월이었다.

동지 녘 찬바람을 맨살로 맞듯 험악한 세월의 삭풍을 3년쯤 맞았을 무렵, 작은 틈이 열리기 시작했다. 작았지만 그 틈은 새로운 시작이 분명했다. 그 틈을 연 것이 바로 관상기도였다! 캐나다의 음유시인이라고 일컬어지는 레너드 코언의 '삶의 송가(Anthem)'가 노래하는 대로였다.

금이 가지 않은 건 없어.
모든 것에는 금이 있어.
하지만 햇빛은 금을 통해 들어오지.

그해 8월 2002년 6월이었다. 21세기 최초의 월드컵이 한국과 일본에서 공동으로 열렸다. 4강 신화를 쓰는 동안 대한민국은 열광했다. 거리마다 응원의 함성이 가득했고, 시민들의 가슴에는 자부심이 가득했다. 월드컵이 열린 한 달은 나에게도 구원의 시간이었다. 험악한 세월의 고통을 잠시나마 잊을 수 있었기 때문이다.

문제는 월드컵이 끝나고 나서였다. 잠시 망각했던 현실을 다시 대면해야 했다. 강단에서 우두커니 있는 시간이 점점 많아졌다. 오랜 세월이 흐른 다음에 깨달은 것이지만, 사실은 그게 보약이었다. 사망의 음침한 골짜기를 지나고 영혼의 어두운 밤을 통과하는 가련한 영혼이 죽음의 몸살을 앓으며 할 수 있는 기도가 있다면, 하나님의 현존 속에서 우두커니 있는 것뿐이었다. 그러면서 새로운 기도의 언어를 배웠다. 무위와 머무름, 침묵과 현존이라는 언어를! 매우 낯선 언어였다. 그런데 그것은 관상기도의 세계에서 통용되는 언어였다. 나에게 관상기도와의 만남은 필연이었고 예정되어 있었다.

월드컵도 끝나고 무더위가 기승을 부리던 그해 8월이었다. 설교하기가 싫었던 나는 교육전도사로 있던 신학생들에게 초대할 만한 교수님이 없냐고 물었다. 그랬더니 권희순 교수님을 추천했다. 생면부지였지만 나는 권 교수님께 이메일을 보내 예배 설교와 오후 특강을 부탁했다. 교수님은 초대에 흔쾌히 응해 주었다.

교수님의 설교 주제는 '기도'였다. 자신의 기도 여정을 고백적으로 이야기했다. 점심식사 후에 특강이 이어졌고 실습도 했다. 교수님은 어디나 계신 하나님이 우리 안에도 계시니 그 하나님을 바라보면서 침묵 속에 가만히 있으라고 했다. 그런 상태를 '생각들(분심)'이 방해하면 그럴 때마다 '거룩한 단어' – 하나님, 예수님, 성령님, 주님 등 – 를 떠올리라고 했다. 통성기도 형식으로 간구만 하던 내게 이것은 기도가 아니었다. 하지만 하나님의 신성한 임재에 안기면서 모처럼 마음이 편안했다. 뼛속 깊이 외로웠던 내가 위로받는 느낌도 들었다.

  나는 놀라움을 감추지 못했다. 이게 기도라고? 그래, 그게 기도였다! 이날 하나님은 나를 '(하나님께) 간구하는' 기도에서 '(하나님과) 관계하는' 기도로 초대하셨다. 이렇게 해서 나는 향심기도를 만났고, 관상기도의 여정을 걷기 시작했다. 그러자 기도의 신대륙이 펼쳐졌다.

기도의
신대륙

영혼의 어두운 밤을 통과하는 동안 내가 할 수 있는 일은 아무것도 없었다. 간구 위주의 통성기도는 아예 불가능했다. 정화의 도량이요 영감의 원천인 산에도 오를 수 없었다. 기도도 못하고 산에도 오르지 못하니 내 영혼은 "물이 없어 마르고 황폐한 땅"(시 63:1) 같았다. 그 당시 내가 할 수 있었던 유일한 일은 교회 강단 뒤에서 우두커니 앉아 있는 것이었다. 그런데 그게 보약이었다. 상처 입은 짐승처럼 무기력하게 있으면서 새로운 기도의 언어를 습득하고 있었기 때문이다.

그 언어는 한국교회 주류 영성에는 아주 낯선 언어였다. 하지만 신실한 그리스도인들을 은혜와 진리의 영토로 인도한 신비의 언어였다. 아기가 말을 배우듯 나는 조금씩 낯선 언어에 익숙해졌다.

무위　　첫 번째로 배운 새로운 기도의 언어는 '무위(無爲)'였다. 교회를 개척하고 나서 나는 언제나 분주했다. 겉으로는 아닌 척했지만 최우선 관심이 교회 성장이었기에 무언가를 끊임없이 기획했다. 마르다처럼 부산하게 움직이며 강박적으로 일에 집착했다. 가만히 있으면 죄를 짓는 것 같았다. 그렇기에 강단 뒤에 우두커니 앉아 있던 무기력한 시간은 죄책감의 소용돌이에 휘말리는 시간이기도 했다. 일분일초가 영겁처럼 느껴지던 시절이라 무기력과 함께 영혼을 짓누르는 죄책감의 무게는 태산 같았다. 하지만 그런 상황에 내재한 영적 신비는 심오했다. 아무것도 하지 않는 시간은 그야말로 하나님이 일하시는 시간이었다.

성경도 무위의 가치를 알고 있었다. 이집트를 탈출한 이스라엘 백성이 홍해에 가로막혔을 때였다. 뒤에서는 바로 왕과 이집트 군대가 추격해 오고 있었다. 사면초가의 상황에 갇히자 이스라엘 백성은 모세를 원망했다. "이집트에는 묘자리가 없어서, 우리를 이 광야에다 끌어내어 죽이려는 것입니까?"(출 14:11) 모세가 대답했다. "두려워하지 마십시오. 당신들은 가만히 서서, 주님께서 오늘 당신들을 어떻게 구원하시는지 지켜보기만 하십시오."(출 14:13)

하나님이 싸우시기 위해 이스라엘 백성에게 필요했던 것은 '가만히 서서, 지켜보는 것'이었다. 모세는 이스라엘 백성에게 '무위'를 요구한 것이다. 여리고 성을 함락할 때 여호수아가 요구한 것도 무위였다. "함성을 지르지 말아라. 너희 목소리가 들리지 않게 하여라. 한 마디도 입 밖에 내지 말고 있다가, 내가 너희에게 '외쳐라' 하

고 명령할 때에, 큰소리로 외쳐라."(수 6:10)

　무위는 하나님이 일하시기 위한 최선의 여백이요, 하나님이 행동하시기 위한 최적의 조건이었다. 인간의 무위와 하나님의 행위는 동전의 양면처럼 떼려야 뗄 수 없는 것이었다.

머무름　무기력의 늪에서 배운 두 번째 기도의 언어는 '머무름'이었다. 무기력 속에서 하염없이 강단 뒤에서 웅크리고 있었지만, 그곳은 다행히도 하나님이 현존하는 공간이었다. 일종의 지성소였다. 무위 속에서 나도 모르게 하나님의 거룩한 현존에 머무르고 있었던 것이다.

　기도 순례 네 번째 '머무름, 기도를 치료하다'에서도 밝혔듯이, 머무름은 예수님이 제자들에게 하신 간곡한 요청이다. 포도나무와 가지의 비유(요 15:1~10)에서 예수님은 "머물러라"는 말씀을 열한 번 하신다. 비슷한 뜻인 "붙어 있어라"까지 합하면 열세 번이다. 이런 말씀도 하셨다. "너희가 내 안에 머물러 있고, 내 말이 너희 안에 머물러 있으면, 너희가 무엇을 구하든지 다 그대로 이루어질 것이다."(요 15:7) 머무름은 우리가 무엇이든 구하기 전에 반드시 거쳐야 하는 과정이다.

　예수님은 본을 보여주셨다. 공생애 시작 전 예수님은 광야에 머무르셨다. 드넓은 광야의 침묵 속에서 하나님의 광대한 현존에 푹 잠기셨다. 공생애 중에도 수시로 "외딴 곳으로 나가셔서, 거기에서 기도하고 계셨다."(막 1:35) 예수님의 기도는 '머무름의 기도'였다.

머무름의 기도 속에서 성자 예수님은 성부 하나님과 사랑의 친교를 나누었고, 그 친교를 통해 성부와 성자는 온전한 일치에 이르렀다. 스펀지가 바닷물에 잠길 때처럼, 서로 구별되면서도 완전히 하나가 되었다.

겟세마네 동산은 십자가에 못 박히시기 전 예수님이 마지막으로 하나님의 현존에 머무르신 곳이다. 그 머무름 속에서 예수님은 '나의' 뜻을 버리고 '하나님의' 뜻을 선택하셨다(막 14:36). 이것이 하나님의 현존에 머무를 때 일어나는 아름다운 변형의 신비다. 하나님의 현존에 머물 때는 '하나님의' 뜻을 찾지만, 그러지 않을 때는 '나의' 뜻을 관철하려 하기 때문이다. 한국교회가 통성의 형식으로 부르짖는 기도는 어느 쪽일까?

침묵 사망의 음침한 골짜기를 지나는 동안에 배운 세 번째 기도 언어는 '침묵'이었다. 침묵은 무위 속에서 하나님의 현존에 머무르게 하는 최선의 영적 분위기였다. 모든 생명은 침묵 속에서 자란다. 엄마 배 속의 태아도, 땅에 묻힌 씨앗도 침묵 속에서 자란다. 나무도 수백 년 침묵의 세월 속에서 아름드리나무로 자란다. 하지만 새로운 생명이 태어나려면 먼저 죽어야 한다.

내가 그랬다. 무위의 침묵 속에서 하나님의 현존에 머무는 동안 내 안에서는 무언가가 죽어가고 있었다. 성경이 "육신의 정욕, 안목의 정욕, 이생의 자랑"(요일 2:16)이라고 하는 것들이었다. 성장 욕구, 과시 욕구, 인정 욕구 같은 것들의 죽음은 결국 '나'의 죽음이기도 했다. 그동안 나라고 믿었던 에고(ego)의 죽음이었으며, 성경이 '옛사람'이라고 부르는 거짓자아(false self)의 해체였다.

무위와 침묵 속에서 신성한 현존에 머무르는 동안 나는 점점 무심(無心)에 이르렀고, 무아(無我) 상태에 사로잡혔다. 기독교 신앙의 정수와 가까워지는 느낌이 들었다. "마음이 가난한 사람은 복이 있다"(마 5:3)라는 예수님의 공생애 첫 번째 설교는 무심에 관한 설교였고, "나를 따라오려거든 자기를 부인하고"(마 16:24)라는 예수님의 요청은 무아에 관한 요청이었으며, 예수님의 케노시스(kenosis) - 자기를 비워서 종의 모습을 취하시고, 십자가에 죽기까지 복종하셨다.(빌 2:7~8) - 는 무심과 무아의 자발적 실천이었다.

어쨌거나 에고의 죽음과 거짓자아의 해체는 새로운 생명의 탄생이었다. 성경이 하나님의 형상 혹은 속사람이라고 하는 '참자아(true self)'가 깨어났다. 이뿐 아니었다. 온갖 상처가 아물기 시작했다. 상처에 집착하는 에고가 사라졌으니 당연한 일이었다. 나는 처음으로 참된 안식을 맛보았다. 무위와 머무름 속에서 침묵이 선물한 은총이었다.

관계　내가 네 번째로 배운 새로운 기도의 언어는 '관계'였다. 무위의 침묵 속에서 하나님의 현존에 머무는 동안 나도 모르는 사이에 기도의 패러다임이 바뀌고 있었다. 그것은 '하나님께 간구하는' 기도에서 '하나님과 관계하는' 기도로의 전환이었다. 그때까지만 해도 기도를 하나님께 무언가를 요청하는 것으로 생각했지,

하나님과 사귀는 것이라고는 생각하지 못했다. 관계의 기도, 이것은 기도의 혁명이었다!

간구 기도에서 관계 기도로 패러다임이 바뀌자, 모든 것이 바뀌었다. 멀게 느껴지던 하나님이 가깝게 느껴졌다. 하나님은 저기 바깥에 계신 초월적 대상이나 무소불위의 힘을 가진 절대군주가 아니었다. 지금 여기에서 나를 둘러싸고 있는 신성하고 고요하고 따뜻한 현존이었다. 성 아우구스티누스가 묘사한 것처럼 그것은 내가 나에게 가까운 것보다 나에게 더 가까웠다. 신성한 현존이 바로 다윗이 고백한 하나님이었다. "내가 하늘로 올라가더라도 주님께서는 거기에 계시고, 스올에다 자리를 펴더라도 주님은 거기에도 계십니다."(시 139:8)

이 신성한 현존은 바로 예언자 이사야가 경험한 하나님이었다. "거룩하시다, 거룩하시다, 거룩하시다. 만군의 주님! 온 땅에 그의 영광이 가득하다."(사 6:3)

이런 신성한 현존을 4세기 아일랜드 성인 패트릭은 '사슴의 외침(Deer's Cry)'으로 알려진 기도에서 아름답게 노래했다.

그리스도여,
당신은 나와 함께 계십니다.
내 앞에도 계시며, 내 뒤에도 계십니다.
내 안에도 계십니다.
내 아래에도 계시며, 내 위에도 계십니다.

내 오른쪽과 왼쪽에도 계시며,
내가 누울 때나 앉을 때나 일어날 때도
나와 함께 계십니다.

하나님은 무엇보다 사랑의 하나님이었다. 죄를 캐묻는 경찰관 같은 하나님도 아니었고, 죄의 경중에 따라 벌을 내리는 재판관 같은 하나님도 아니었다. 불량배들의 주먹세례를 받은 아들의 눈물을 옷고름으로 닦아 주던 엄마 같은 하나님이었으며, 연민과 긍휼과 그리움에 젖어 있는 연인 같은 하나님이었으며, 평생 숨겨온 비밀마저 털어놓을 수 있는 친구 같은 하나님이었다.

이렇게 사망의 음침한 골짜기를 지나면서 나는 기도의 새로운 언어를 배웠다. 하나님께 모든 것을 맡기는 무위의 기도, 하나님의 신성한 현존에 잠기는 머무름의 기도, 무위와 머무름으로 하나님과 사귀는 관계의 기도, 그리고 이 모든 것의 바탕인 침묵의 기도를…. 기도의 새로운 문이 열린 것이다. 그 문으로 들어서자 기도의 신세계가 펼쳐졌다. 콜럼버스가 범선을 타고 아메리카 신대륙을 발견했다면 나는 사망의 음침한 골짜기를 지나면서 기도의 신대륙을 발견했다. 관상기도라는 기도의 신대륙을!

PART 3. 예수 기도

예수기도만큼

예수님을 바라보고

예수님 안에 머무르는 것이

전부인 기도는 없었다.

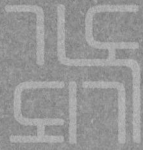

올레길을
걸으며

가장 암울했던 시절에 내가 발견한, 아니 나에게 펼쳐진 기도의 신대륙은 '관상기도'라는 기도의 새로운 패러다임이었다. 엄밀히 말해 관상기도는 새롭다기보다 '오래된 미래'에 가깝다. 기독교 영성 전통을 통해 '예부터' 이어진 기독교적인 기도이며, 한국교회의 중병(번영신앙의 탐욕, 율법신앙의 독선, 집단적 맹신의 광기)을 치유할 '미래의' 희망이기 때문이다.

기독교 영성에서 말하는 '관상'은 얼굴의 생김새를 보고 운명이나 성격을 알아맞히는 관상(觀相, physiognomy)과 다르다. 관상(觀想, contemplation)의 사전적 의미는 '신을 직관적으로 인식하고 사랑하는 일'이다. 기독교적 관상을 히브리서 저자는 이렇게 표현했다. "믿음의 창시자요 완성자이신 예수를 바라봅시다."(히 12:2)

기독교적 관상은 예수님을 바라보는 것이다. 예수님을 바라봄에서 기독교 신앙의 모든 것이 시작된다. 예수님을 바라보면 예수님이 믿고 섬기신 '사랑의' 하나님이 보인다. 이 사랑의 하나님이 바로 '아빠' 하나님이며, 집 나간 탕자를 그리워하며 기다리시는 아버지 같은 하나님이다. 기독교의 하나님은 무서운 존재가 결코(!) 아니다. 죄를 캐려고 뒤쫓는 경찰관이나 선행에 따라 상벌을 선고하는 재판관이 아니다. 기독교의 하나님은 죄인을 용서하시며, 있는 그대로 받아 주시는 엄마·연인·친구 같은 하나님이다. 이러한 사랑의 하나님이야말로 기독교 신앙의 알짬이다. 심판하시는 공의(정의)의 하나님은 사랑의 하나님을 떠난 사람이 경험하는 하나님일 뿐이다. 이때조차 하나님은 사랑이시다! 그래서 기독교는 복음이다.

예수님 안에서, 예수님과 함께 하나님의 현존에 머무를 때 하나님의 영인 성령이 우리를 사랑으로 감싼다. 따라서 예수님을 바라볼 때, 즉 예수님을 '관상할 때' 우리는 성부·성자·성령 삼위일체 하나님의 사랑의 친교에 참여한다. 이 관상적 참여를 통해 우리는 하나님의 형상을 회복하고, 그리스도의 형상을 이뤄간다. 그리고 마침내 온전한 사람이 되어 그리스도의 충만하심의 경지에까지 다다른다(엡 4:13). 이때 우리는 진정한 '성도(성인)'가 된다. 이 얼마나 아름다운 존재의 변형이며, 래디컬한 삶의 혁명인가!

큰 바위 얼굴 관상의 의미를 정확하게 깨닫게 하는 소설이 있다. 초등학생도 알 만한 너새니얼 호손의 「큰 바위 얼굴」은 기독교적 관상의 핵심을 아름답게 들려준다.

미국의 한 마을에 얼굴 모양을 한 바위산이 있었다. 주인공 어니스트는 어렸을 때 바위산을 닮은 위대한 인물이 나타날 것이라는 전설을 어머니에게서 들었다. 어니스트는 목수 일을 하면서 큰 바위 얼굴을 닮은 인물이 나타나기를 기다렸다. 어니스트는 소년기에 개더골드라는 부자를 만났고, 청년기에는 블러드 앤드 선더라는 장군을 만났으며, 장년기에는 올드 스토니 피즈라는 정치가를 만났다. 마을 사람들은 환호했지만, 어니스트는 크게 실망했다. 부자는 천박해 보였고, 장군은 거칠어 보였으며, 권력과 명예욕에 찌든 정치가는 위선적으로 보였기 때문이다.

세월이 흘러 노년기에 접어든 어느 날, 어니스트는 한 천재 시인의 작품을 읽고 크게 감동했다. 그는 큰 바위 얼굴을 보며 "이 시인이야말로 당신을 닮을 자격이 있지 않을까요?"라고 외쳤다. 기대감에 부풀어 시인을 만났을 때, 어니스트는 또 한 번 실망했다. 시인의 사상과 삶이 일치하지 않음을 간파했기 때문이었다. 그래도 시인은 달랐다. 이상을 실현하지 못하고 현실과 타협하며 살아감을 스스로 가슴 아파하는 사람이었다. 두 사람은 친구가 됐다.

어느 날 해 질 무렵이었다. 목수 일을 그만두고 설교가가 된 어니스트는 자신이 깨달은 삶의 진실을 마을 사람들에게 들려주고 있었다. 그 자리에는 시인도 있었는데, 진실과 지혜가 넘치는 어니스트의 말을 들으며 그는 어니스트야말로 자기가 쓴 어떤 시보다 고결하며 우아하다는 사실을 깨달았다. 그 순간 노을빛이 큰 바위 얼굴과 어니스트의 얼굴을 동시에 비추었다. 두 얼굴은 놀라울 정도로 닮아 있었다. 그러자 시인이 외쳤다. "여러분! 어니스트야말로 큰 바위 얼굴과 똑같지 않습니까?" 어니스트의 얼굴을 쳐다본 마을 사람들은 시인의 말에 공감했다. 평생 큰 바위 얼굴을 바라보고, 큰 바위 얼굴을 닮은 인물이 나타나기를 기다리며 살아온 어니스트는 어느덧 큰 바위 얼굴이 되어 있었다. 평생에 걸친 '바라봄'과 '기다림'이 어니스트를 큰 바위 얼굴로 '변형시킨' 것이다.

이런 것이 관상기도 또는 관상적 삶이다. 믿음의 창시자요 완성자이신 예수님을 평생 바라보며 기다리는 동안 예수님을 닮고 그리스도의 형상을 완성하는 것 말이다. 이때 성도는 예수의 길을 온전히 따른다. 예수님처럼 빛이 되어 시대를 밝힌다. 그래서 관상기도를 '오래된 미래'라고 한 것이다.

첫 만남 이제 관상기도라는 기도의 신대륙을 기도 순례를 함께 해온 벗들과 함께 탐험하려고 한다. 낯선 곳을 향한 여정이기에 탐험은 모험이다. 따라서 탐험을 하려면 기존의 익숙한 곳을 떠나야 한다. 이것은 가나안이라는 미지의 세계에 들어가기 위해 고향을 떠나야 했던 아브라함의 여정이나 젖과 꿀이 흐르는 땅에 들어가기 위해 이집트를 떠나야 했던 이스라엘 백성의 출애굽 여정과 같다. 익숙한 곳을 떠나 낯선 곳을 향해 가는 탐험은 불확실한 여정이기에 용기가 필요하다. 새로운 패러다임인 관상기도를 배울 때도 마찬가지다.

관상기도라는 신대륙에 이르는 길은 여럿이다. 내가 주로 걸어

온 길은 동방교회 전통에서 발달한 '예수기도(Jesus Prayer)'와 서방 교회 전통에서 발달한 '향심기도(Centering Prayer)'다. 제3의 길도 있는데 그것은 관상기도 입문을 도우려고 만든 '현존기도(Prayer of Presence)'다.

이제 예수기도 순례부터 시작하자.

1990년대 초로 기억한다. 우연한 기회에 거제도 홍포 바닷가에 카리스마타수도회를 세우고 동방정교회 영성을 천착하는 박효섭 목사님을 만났다. 내가 방문했을 때 목사님은 수염을 기르고 검은 수도복을 입고 있었는데 범접하기 어려운 영적 아우라가 느껴졌다. 그때 목사님과 나눈 대화 내용은 다 기억나지 않는다. 다만 영성에 관심이 있고 기도를 배우고 싶다고 했던 것 같다. 한 가지 분명한 것은 그분에게서 '예수기도'를 소개받았다는 것이다.

예수기도를 처음 접했을 때 나는 그 단순함에 놀랐다. 수없이 많은 제목을 열거하며 하던 그동안의 기도와 완전히 달랐기 때문이다. 그런데 묘했다. 처음에는 낯설었지만 하면 할수록 나를 사로잡았다. '이렇게도 기도할 수 있구나!' 하면서 예수기도를 수련했다. 예수기도에는 여러 형태가 있지만 가장 정형화된 형태는 다음과 같다.

주 예수 그리스도
하나님의 아들이시여
이 죄인을
불쌍히 여기소서

올레길에서   예수기도에 매료되어 한동안 수련했지만 치열하게 지속하지는 못했다. 목회 현장에서는 어디를 가나 통성기도가 대세였고, 성도들을 위한 중보기도나 당면한 문제 해결을 위한 청원기도가 긴급했기 때문이다. 예수기도 수련이 뜸해지다가 잊히는 듯했다. 그러다가 예수기도를 집중으로 수련하게 된 계기가 찾아왔다.

성역 30년을 기념하는 해였다. 혼자 제주도 올레길을 순례 삼아 걸었는데, 어느 날 게스트하우스에서 스스로를 불교도라고 밝힌 부자(父子)를 만났다. 대화하다가 이 부자의 기도 수행에 관한 이야기를 들었다. 매일 아침과 저녁에 백팔 배를 하고 주말에는 일천 배를 하는데, 십만 배를 채울 때까지 계속할 예정이라고 했다. "대단하네요"라고 추임새를 넣는 나는 위축되고 있었다.

경쟁심리가 발동한 것일까? 다음날부터 나는 올레길을 걸으며 예수기도를 하기 시작했다. 하루에 한 코스를 걸으면 대략 대여섯 시간이 걸렸다. 그렇게 걸으며 예수기도를 하면 하루에 어림잡아 2천 번 정도는 할 수 있었다. 며칠을 그렇게 기도하다 보니 이상한 현상이 일어났다. 잠자리에 누워 잠을 청할 때도 예수기도가 계속되는 것이었다. 입술과 혀를 움직이지 않는데도 예수기도를 하고 있었다. 내가 한다기보다 기도가 저절로 움직이는 것 같았다.

무명의 저자가 쓴 『순례자의 길』에 나오는 젊은 순례자의 고백이 생각났다. "저는 예수기도에 너무나도 익숙해져서 쉬지 않고 기도드리게 되고, 드디어 저로서는 아무런 노력을 하지 않는데도 정신과 마음이 저절로 그 기도를 되풀이하는 것을 느꼈습니다."

올레길에서뿐만 아니라 그해 고난주간 성금요일에는 온종일 예수기도를 절하면서 바쳤다. 그런 과정을 거쳐 예수기도는 내 입술뿐 아니라 머리를 거쳐 가슴으로, 가슴에서 온몸으로 스며들었다. 예수기도만큼 예수님을 바라보고(히 12:2), 예수님 안에 머무르는(요 15:4) 것이 전부인 기도는 없었다. 그 뒤로 예수기도는 나의 평생 친구가 됐다.

예수의 이름을
부르는 기도

『예수기도(The Jesus Prayer)』에서 저자인 칼리스토스 웨어는 이렇게 묻는다. "어떻게 하면 입술로 '빈말을 되풀이하는'(마 6:7) 외적 행위에 불과한 기도에서 내적 존재의 일부가 될 수 있는 기도, 다시 말해 우리의 정신과 마음이 성 삼위일체와 하나 되는 기도로 발전할 수 있을까? 어떻게 하면 기도가 '행위'가 아니라 우리의 본질적인 '존재'가 될 수 있을까?" 이 질문을 하고 나서 그는 열두 살 때 들은 설교 이야기를 한다.

어느 노인의 기도 교회에 매일 몇 시간씩 머무르는 노인이 있었다. 어느 날 친구들이 물었다.

"교회에서 날마다 뭐 하는 거야?"

그러자 노인이 대답했다.

"그야, 기도하지!"

친구들은 놀라면서 말했다.

"기도라고? 그렇게 오래 있는 걸 보니 하나님께 간구할 기도 제목이 많은 모양이군!"

노인은 고개를 저으며 말했다.

"나는 하나님께 아무것도 구하지 않는다네."

친구들이 다시 물었다.

"그러면 대체 뭘 하는데?"

그러자 노인이 대답했다.

"나는 그냥 가만히 앉아 하나님을 바라보고, 하나님도 그냥 가만히 앉아 나를 보시지!"

이런 기도의 경지에 어떻게 다다를 수 있을까? 하나님을 단순히 바라보는 기도, 하나님과 인격적으로 사귀는 기도, 마침내 기도자가 기도가 되는 기도 말이다. 이런 기도를 갈망하는 사람들에게 칼리스토스 웨어는 동방정교회 영성 전통을 통해 전승되어 온 기도를 추천한다. 그 기도가 바로 '예수기도'다.

예수기도에는 여러 형태가 있다. "주 예수 그리스도 하나님의 아들이시여, 제게 자비를 베푸소서." "예수님, 자비를 베푸소서." 경우에 따라 '예수님'이라고 한 단어로 줄여서 하기도 한다. 앞글에서도 소개한 것처럼 예수기도의 가장 표준적인 형태는 다음과 같다. 독자들에게도 이 형태를 권한다. 다른 형태보다 리듬(네 박자)에 맞춰서 하기가 좋기 때문이다.

주 예수 그리스도
하나님의 아들이시여
이 죄인을
불쌍히 여기소서

성 아우구스티누스는 수도사들에게 예수기도에 대해 이렇게 말했다고 한다. "이집트의 형제들은 아주 짧은 기도를 갑자기 쏘아 올리곤 합니다." 그래서 예수기도를 '화살기도'라고도 한다. 예수기도는 '예수'라는 거룩한 이름에 초점을 맞춘다는 점에서 '기독교의 기도'로서 독보적인 가치를 지닌다.

이름에 대한 신심 예수기도의 기초는 '예수'라는 이름에 대한 신심이다. 예수의 이름에 대한 신심이 없으면 예수기도는 주문이나 주술로 전락한다. 반대로 예수의 이름에 대한 신심이 뒷받침될 때 예수기도는 기독교 신앙의 신비 – 성육신의 신비, 케노시스의 신비, 십자가의 신비, 부활의 신비 – 에 들게 하는 훌륭한 길잡이가 된다. 예수의 이름은 단순한 호칭이 아니다. 예수의 이름은 그 자체로 현존과 권능의 징표이며, 성 삼위 하나님의 실재를 드러내는 '성사(聖事)'다.

"예수의 이름은 우리 마음 안에 그분의 고요함과 영적 현존을 심어 준다. 그분의 이름을 부르는 것은 그분과의 인격적인 만남 속으로 들어가는 것을 의미한다."(『예수의 이름을 부르는 기도』)

따라서 예수의 이름을 부를 때 우리는 예수님과 함께 성 삼위일체 하나님의 사랑의 친교에 참여한다.

이뿐 아니라 예수의 이름에는 능력과 구원이 있다. 예수 그리스도의 이름은 귀신을 쫓아낸다. 바울은 귀신 들려 점을 치는 여종에게서 예수의 이름으로 귀신을 쫓아냈다(행 16:18). 축마사 노릇하며 떠돌아다니던 유대 사람들도 예수의 이름을 이용하여 귀신을 내쫓으려고 했을 정도였다(행 19:13). 귀신을 쫓아낼 뿐만 아니라 예수의 이름은 병도 고친다. 베드로는 못 걷는 사람을 예수의 이름으로 고쳤다(행 3:6). 8년이나 중풍병으로 자리에 누워 있던 애니아라는 여자도 예수의 이름으로 치유했다(행 9:32~35).

세례도 예수의 이름으로 베풀며, 성령도 예수의 이름으로 받는다(행 2:38, 8:16). 베드로의 오순절 설교를 듣고 마음이 찔린 사람들이 "우리가 어떻게 하면 좋겠습니까?"라고 했을 때 베드로는 다음과 같이 말하고 나서 세례를 베푼다. "회개하십시오. 그리고 여러분 각 사람은 예수 그리스도의 이름으로 세례를 받고, 죄 용서를 받으십시오. 그리하면 성령을 선물로 받을 것입니다."(행 2:38) 예수의 이름으로 세례받은 사람은 이미 성령을 받은 사람이다.

하나님은 우리가 구하는 것이 무엇이든 예수의 이름으로 주신다. "너희가 아버지께 구하는 것은, 무엇이나 아버지께서 내 이름으로 주실 것이다."(요 16:23) 그래서 예수님은 제자들에게 '내 이름으로' 기도하라고 가르치셨다(요 16:23~24). 단, 예수의 이름으로 구한다는 것은 그 이름에 어울리는 것을 구한다는 뜻이지 이기적인 욕심을 충족시키기 위해 세속적인 것을 마구잡이로 구하는 것을 뜻하지 않는다. 그래서 예수님은 말씀하셨다. "먼저 그의 나라와 그의 의를 구하라."(마 6:33)

사도들은 '나사렛 예수 그리스도의 이름'밖에는 다른 아무에게도 구원이 없다고 설교했다(행 4:10~12). 따라서 예수의 이름은 "모든 이름 위에 뛰어난 이름"이다(빌 2:9). 초대교회는 이러한 예수 그리스도의 이름을 찬미하고 숭경(崇敬)했다. "하늘과 땅 위와 땅 아래 있는 모든 것들이 예수의 이름 앞에 무릎을 꿇고, 모두가 예수 그리스도는 주님이시라고 고백하여, 하나님 아버지께 영광을 돌리게 하셨습니다."(빌 2:10~11)

초대교회의 이름 공경   예수 이름에 대한 공경은 초대교회로 이어졌다. 2세기의 헤르마스는 이렇게 설교했다. "하나님 아들의 이름은 온 우주를 떠받칠 정도로 위대하고 무한합니다." 예수의 이름에 대한 신심은 순교자들에게서 도드라지게 나타난다. 트라야누스(53~117) 황제 시대에 로마에서 순교한 안디옥의 주교 이그나티우스의 전기에 다음과 같은 내용이 나온다.

"그들이 그를 사나운 짐승의 먹잇감으로 주려고 끌고 갈 때, 그는 끊임없이 예수의 이름을 부르고 있었다. 이교도들이 그에게 왜 그 이름을 그렇게 계속 부르느냐고 묻자, 성인은 이렇게 대답했다. '예수 그리스도의 이름이 마음에 새겨져 있기 때문에, 항상 마음에 품고 있는 그분을 입으로 고백하는 것이다.' 짐승들이 성인을 잡아먹고 뼈만 남았는데, 하나님의 뜻이었는지 뼈들 사이에 성인의 심장이 온전하게 보존되어 있었다. 이교도들은 성인에게 들은 말이 사실인지 알아보려고 심장을 두 조각으로 갈랐다. 갈라진 심장에는 황금색으로 '예수 그리스도'라는 글씨가 새겨져 있었다. 그는 갈대로 글씨를 쓰듯이 마음의 묵상으로 그리스도의 이름을 심장에 새긴 사람이었다."

전승에 따르면 예수님이 팔로 안고 축복한 어린아이가 이그나티우스였으며, 그는 나중에 사도 요한의 제자가 되었다고 한다. 그래서 『예수기도(On the Prayer of Jesus)』의 저자 브리안카니노프는 이그나티우스가 사도 요한에게서 예수기도를 배웠을 것이라고 추정한다. 브리안카니노프는 예수 이름의 위대함과 늘 깨어서 쉬지 않고 예수의 이름을 부르며 기도해야 함을 이렇게 설명한다.

"예수님의 이름은 위대합니다. 그 위대함은 이성으로 이해할 수 없고 어린아이 같은 단순함과 믿음으로만 이해할 수 있습니다. 예수의 이름을 부르며 기도할 때도 어린아이처럼 무심 상태에서 해야 합니다. 젖먹이가 엄마의 품을 갈망하듯 인내하고 집중해야 합니다. … 최후의 승리를 얻으려면 늘 깨어서 쉬지 않고 예수의 이름으로 기도해야 합니다."

예수기도는 예수의 이름에 대한 신심이 잉태한 하나님의 선물이다. 예수기도는 마술적 효과를 얻기 위한 주문이 아니다. 예수를 '주님'과 '하나님의 아들'로 고백하는 신실한 그리스도인들의 신앙 고백이다.

●●● 실천을 위한 권고

지식 없는 수련은 맹목이며, 수련 없는 지식은 공허하다. 따라서 오늘부터 하루에 두 번, 아침과 저녁에 12시간 간격으로 예수기도를 수련한다. 수련 없는 지식은 공허할 뿐 아니라 해를 끼치기도 한다. 수련이 뒷받침되지 않는 지식은 교만에 이르게 하기 때문이다(고전 8:1).

처음에는 작은 소리를 내면서 한다. 만약 졸음이 오거나 마음이 산만해지면 큰소리로 해도 된다. 한 달을 정해 두고 첫째 주에는 5분 정도 수련한다. 처음부터 욕심내지 않는다. 둘째 주에 10분, 셋째 주에 15분, 넷째 주에 20분으로 수련 시간을 차츰 늘린다. 무엇보다 예수님의 이름에 대한 신심과 사랑을 발음 하나하나에 담는 것이 중요하다. 일상생활하면서 생각날 때마다 해도 좋다.

예수기도의
여러 방법

동방정교회의 이에로테오스 블라코스 대주교는 아토스 성산의 한 은둔 수도승과 대화하고 나서 『예수기도』라는 책을 썼다. 아토스 성산에는 5세기부터 수도원이 세워졌고, 현재는 20개의 수도원에서 2천여 명의 은둔 수도사들이 금욕가의 삶을 살아가고 있다고 한다. 그들의 삶의 초점은 그리스도처럼 '신화(神化, théosis)'되어 "하나님의 성품에 참여하는"(벧후 1:4) 것에 있다. 이에로테오스 대주교는 그들을 이렇게 칭송한다.

"그들은 감춰진 장기(臟器)와 같다. 인간이라는 유기체에 있어서 보이지 않는 장기가 몸 전체의 기능을 돕는 것처럼, 금욕가들도 비록 보이지 않지만 교회라는 몸이 정상적으로 기능하게 돕는다. 존경스럽고 영웅적인 이들의 존재는 그 자체로 시대에 대한 위대한 봉사다."

신화의 길 나는 웨슬리가 꿈꾼 메도디스트의 이상도 크게 다르지 않다고 생각한다. 웨슬리 구원론의 꽃인 그리스도인의 성화와 완전은 '신화' 영성의 변주인 까닭이다. 신화된 사람들에게서는 빛이 난다. 이에로테오스 대주교가 만난 아토스 성산의 무명 수도승이 그런 사람이었다.

> "그는 세속의 겉치레를 벗어버린 후 영원의 심연을 향해 나아갔다. 그는 하나님의 빛에 다가갔고, 불이 되어 형언할 수 없는 방식으로 타올랐으며, 지금은 창조되지 않은 불꽃에 의해 활활 타오르고 있다. … 우리는 정욕으로 가득 차 있지만 그는 순금 옥좌이며, 우리는 지옥이지만 그는 낙원이었다."

그는 어떻게 하나님의 빛에 다가갔고, 창조되지 않은 불꽃에 의해 활활 타오를 수 있었을까? 그 길은 놀라울 정도로 단순했다. '예수기도'를 끊임없이 바치는 것이 전부였다. 예수기도와 빛의 관계를 은둔 수도승은 이렇게 말한다.

> "예수기도 안에서 우리가 추구하는 것은 지극히 온유한 예수의 이름에 동화되는 것입니다. 그러면 그리스도께서 영광스럽게 광채를 발하며 우리 마음에 오셔서 온갖 정욕으로 영혼을 어둡게 만들어 은총을 덮어버리는 악마를 내쫓습니다. 그렇게 되면 영혼은 그리스도의 임재로 인해 빛납니다. 영혼은 '은혜에 은혜를 더하여' 받아 빛이 나지요."

그리스도인은 이런 사람이다. 그리스도인은 성공에 대한 욕망으로 눈이 충혈된 사람이 아니며, 혐오의 언어로 정죄를 일삼는 사람도 아니다. 그리스도의 임재로 인해, 은혜에 은혜를 더하여 받아 빛나는 사람이다. 예수께서 선언하신 것처럼 '세상의 빛(마 5:14)'이며 사도 바울이 깨달은 것처럼 '빛의 자녀'(엡 5:8)다.

물론 이러한 신앙 담론을 이해한다고 저절로 빛나는 것은 아니다. 수행(실천)이 뒷받침되어야 한다. 수행 없는 담론은 공허하다. 아토스 성산의 금욕가들은 예수기도의 수행을 통해 창조되지 않은 빛을 보았고, 스스로 그리스도의 빛이 되었다.

나는 이 글을 읽는 모든 성도가 예수기도 수행에 전념할 것을 간곡히 권한다. 예수기도의 실천만큼 웨슬리 영성의 본질인 성화와 완전을 실현하는 길도 없고, 한국교회를 진정한 '기독'교회로 만드는 길도 없기 때문이다. 따라서 예수기도의 수행은 동시대인들에게 새로운 희망의 빛을 비출 것이 분명하다.

형식을 갖춰서 예수기도를 실천하는 방법은 크게 두 가지다. 하나는 형식을 갖춰서 하는 수행(formal use, 형식 수행)이고, 다른 하나는 자유롭게 하는 수행(free use, 자유 수행)이다. 형식을 갖춰서 할 때는 활동을 중단하고 기도에 집중한다. 아침저녁으로 기도 시간을 정하고 그 시간을 꼭 지킨다. 아토스 성산의 은둔 수도승은 이렇게 권고한다.

"먼저 자신의 정화와 변화를 열망하십시오. 그런 다음 예수님의 이름을 천천히 암송하십시오. 아침에 30분, 저녁에 30분을 정해 시작하십시오. 만약 이렇게 한 시간을 정했다면 어떤 일이 있어도 어기지 말아야 합니다. 아픈 사람을 돌보는 일이 아니라면 기도 시간을 옮겨서는 안 됩니다. 소음이 없는 고요하고 차분한 공간을 갖는 것도 꼭 필요한 일입니다."

은둔 수도승의 권고에서 우리는 형식을 갖춰 예수기도를 할 때 지켜야 할 사항을 몇 가지 알 수 있다.

첫째, '정화와 변화에 대한 열망'을 가져야 한다. 열망이 있으면 예수기도가 감미롭지만, 그게 없으면 지루한 동어 반복에 불과하다.

둘째, 기도 시간을 정했으면 '어떤 일이 있어도' 지켜야 한다. (아픈 사람을 돌봐야 하는 상황은 예외) 수도승은 이런 말도 덧붙인다. "'오늘은 피곤하니 기도를 생략해야겠군' 따위의 생각은 절대로 머릿속에 넣어두지 마십시오. 기도 시간을 잃어버리는 것이야말로 가장 큰 손해라는 사실을 알아야 합니다."

셋째, '소음이 없는 고요하고 차분한 공간'을 찾아야 한다. 금욕가들은 "침묵 속에서 하나님의 음성을 듣고, 덕을 쌓아간다." 침묵은 "다가올 세상의 언어이기에 그 자체가 바로 영원이다." 신앙의 "초보자들이 덕을 획득할 수 있는 빠른 길은 입을 닫고 눈을 감고 귀를 막는 것이다." 침묵이야말로 '가장 유창한 웅변이며, 고요한 권면'인 까닭이다.

자유롭게 예수기도는 일상생활 중에 자유롭게 할 수도 있다. 이것은 예수기도의 가장 큰 장점이다. 기도가 입에 익고 혀에 붙으면 어느 상황에서나 할 수 있다. 아침에 눈을 뜨자마자 하거나 밤에 잠들기 전에도 할 수 있다. 마음만 먹으면 양치질하면서 면도하면서 샤워하면서도 할 수 있다. 예수기도의 뛰어난 가치는 어떤 상황에서도 기도할 수 있을 정도로 형식이 단순하다는 것이다.

설거지나 청소하면서, 장을 보거나 육아하면서도 할 수 있다. 산책하거나 산을 오르내릴 때, 버스나 지하철을 기다릴 때, 교통체증으로 길이 막힐 때도 예수기도를 할 수 있다. "이 기도는 특히 긴장된 순간이나 커다란 근심에 시달리고 있을 때 도움이 된다."(칼리스토스 웨어) 실제로 불안할 때 해보면 예수기도의 효력을 금세 경험할 수 있다. 예수기도는 30분 동안 100번 정도 하는데, 일상생활과 예수기도를 연결 지으면 하루에 500번 이상도 할 수 있다.

형식을 갖추지 않은 자유 수련의 유익은 기도 시간과 노동 시간이 하나로 통합되는 것이다. 이때 일상은 성화되고 노동은 기도로 변형된다. 그래서 예수기도를 '노동자의 기도'라고도 한다. 형식을 갖추지 않은 수련에 익숙해지면 "어디에서 무얼 보든, 모든 곳에서 그리스도를 알아차리고 즐거워한다."(알렉산더 슈메만) 예수기도 수행자는 만물 안에서 그리스도를 보며, 그리스도 안에서 만물을 본다.

일상에서 예수기도를 꾸준히 하면 어느 틈엔가 기도가 입에 익고 정신에 새겨진다. 은둔 수도자 테오파네스가 말한 것처럼 기도가

"저절로 움직인다." 예수기도가 저절로 움직일 때 기도는 의식에서 무의식으로 스며든다. 기도를 입으로 외우지 않아도 존재의 심층에서는 하나님의 사랑을 계속 알아차린다. 일몰 후의 잔광처럼 하나님의 현존감이 지속된다.

20세기의 걸출한 동방정교회 수도사제인 포르피리오스 성인은 쉬지 않고 일하면서도 기도를 중단하지 않았다.

"피곤에 지쳐 녹초가 되었을 때도 기도는 내게 너무나 기쁜 일이었습니다. 그것은 사랑의 문제이니까요. … 삼십 분 기도하는 것은 세 시간 잠자며 휴식하는 것과 맞먹습니다. 기도는 사람을 쉬게 하고 고요하게 합니다. 기도는 영혼뿐 아니라 우리의 몸에도 기운을 북돋아 주는 치료약입니다. 당신의 모든 수고를 기도의 금 도포로 감싸주십시오."(포르피리오스, 『향기로운 삶과 말씀』)

●●● 실천을 위한 권고

형식을 갖춘 수련(formal use)과 갖추지 않은 수련(free use)을 모두 수련한다. 먼저 형식을 갖춘 수련이다.

① 정화와 변화를 통한 성화와 완전을 갈망한다.
② 아침저녁으로 기도 시간을 정한다. 12시간 간격이 좋다.
③ 조용한 장소를 찾는다. 그 장소를 십자가, 성화 초, 꽃 등으로 장식해도 좋다.
④ 시편을 한두 편 읽거나 복음서를 읽으면서 예수님을 바라보며 신심을 일으킨다.

기도를 시작하기 전에 다음과 같은 과정을 밟는다.

① 자세를 바르게 한다.
② 눈을 감는다.
③ 서너 차례 천천히 숨을 들이쉬고 내쉰다.
④ 나를 둘러싼 침묵을 느끼며 마음을 고요하게 한다.
⑤ 마음이 고요하고 경건해졌으면 예수기도를 천천히 시작한다. 아침저녁으로 15분간 수련한다.

일상생활 중에는 형식을 갖추지 않은 수행을 수시로 시도한다. 밥 짓기, 설거지, 청소, 운동, 육아 등 반복되는 노동 시간을 기도 시간으로 활용한다. 아침에 출근한다면 버스에서, 지하철에서, 사무실까지 걸어가며 예수기도를 바친다. 운전한다면 라디오를 끄고 예수기도를 수련한다.

젊은 순례자의
기도

하나님은 무한한 신비다. 기도도 마찬가지다. 모든 기도는 하나님을 향하고 있기 때문이다. 따라서 기도를 한 가지 형태로 한정할 수 없다. 기도에 대한 획일적인 관념과 실천만큼 하나님 경험을 빈곤하게 만드는 것도 없다. 그런 의미에서 통성기도 일색인 한국교회는 기독교 전통이 지닌 풍부한 기도 유산에 더 많은 관심을 기울여야 한다. 그래야 하나님 경험이 더욱 풍성해질 수 있다.

우리가 배우고 실천하는 예수기도도 훌륭한 기도 유산이다. 예수기도는 전 세계 그리스도인들이 주기도문과 성모송 다음으로 많이 실천하는 기도로 알려져 있다. 예수기도가 널리 퍼지는 데 큰 역할을 한 책이 바로 19세기 말에 러시아에서 출판된 『순례자의 길(The Way of a Pilgrim)』이다.

여정의 시작   이 책은 러시아의 한 젊은이가 예수기도를 수행하며 각지를 순례한 영적 여정에 관한 기록이다. 어느 날 "끊임없이 기도하십시오"(살전 5:17)라는 설교를 들은 젊은이는 의문을 품는다. '먹고 살기 위해서는 다른 일도 하며 살아야 하는데 어떻게 끊임없이 기도할 수 있을까?' 젊은이는 쉬지 않고 기도하는 방법을 알고 싶어 길을 나섰다. 하지만 기도가 무엇인지, 왜 기도해야 하는지, 기도의 열매는 무엇인지 등 기도 이론을 말해 주는 사람은 많았지만, 끊임없이 기도하는 방법을 속 시원히 말해 주는 사람은 없었다.

하염없이 걷던 어느 날 젊은이는 큰 스승을 만났다. 쉬지 않고 기도하는 법을 배우고 싶다고 하자, 큰 스승은 예수의 이름을 끊임없이 부르는 기도를 가르쳐 주었다. 그게 바로 예수기도였다. "주 예수 그리스도 하나님의 아들이시여, 이 죄인을 불쌍히 여기소서!"(이 책에는 표준 형태가 아니라 간결한 형태가 나온다. "주 예수 그리스도, 제게 자비를 베푸소서.")

큰 스승은 "예수기도는 마음과 정성을 다해 예수 그리스도의 이름을 반복하여 부르는 기도"라고 하면서, 예수의 이름을 반복해서 부르다 보면 큰 위로를 받을 것이라고 했다. 이어 예수기도를 습관처럼 하면 기도할 마음이 저절로 생기고, 어느덧 기도가 저절로 흘러나와 기도가 삶의 중심이 될 것이라는 말도 덧붙였다.

스승은 젊은 순례자에게 『필로칼리아(Philokalia)』도 읽어보라고 추천했다. '아름다움에 대한 사랑'을 뜻하는 이 책은 '끊임없이 하는 기도'에 관한 스물다섯 명의 교부들의 가르침을 수록하고 있다. 큰 스승은 책의 한 대목을 읽어주면서 혼자 조용히 앉을 수 있는 장소에서, 머리를 숙이고 눈을 감은 다음, 부드럽게 숨을 쉬면서, 마음의 눈으로 심장을 바라보며 예수기도를 되풀이하라고 일러주었다. 입술로 하든 마음으로 하든 형식은 상관없으며, 평안하고 고요한 마음과 인내심을 갖고 되풀이하는 것이 중요하다고 강조했다.

기도의 심화 젊은이는 움막에 머물며 일주일 동안 열심히 실천했다. 처음에는 순조로웠으나 얼마 지나지 않아 나른함과 지루함, 졸음과 분심이 밀물처럼 몰려왔다. 자신의 상태에 실망한 그는 스승에게 이런 사정을 털어놓았다. 큰 스승은 『필로칼리아』에서 니케포루스의 가르침을 인용하며 답을 해주었다. 분심이 심할 때는 예수기도를 입으로 소리 내어 반복하라는 조언이었다. 그러면서 예수기도를 하루에 3천 번씩 하라는 과제를 주었다. 서 있든, 앉아 있든, 걷든, 누워 있든 계속해서 하라고 일렀다. 젊은이는 충실하게 실행했다. 물론 쉬운 일이 아니었다. 특히 처음 이틀이 힘들었는데 고비를 넘기자 기도가 점점 즐거워졌다. 잠시라도 기도를 멈추면 다시 하고 싶은 강한 충동을 느낄 정도였다.

젊은이가 이런 경험을 이야기했더니 큰 스승은 예수기도를 하루에 6천 번 외우라고 시켰다. 이번에도 일주일 내내 오두막에 혼자 있으면서 스승이 시키는 대로 했다. 분심이 들어도 주의를 빼앗기지 않고 정확히 실천하는 일에 온 정신을 집중했다. 일주일 동안 했더니 기도는 한층 더 자연스럽게 흘러나왔다. 한순간이라도 기도를 멈추면 무언가를 잃어버린 듯한 허전함을 느꼈고, 다시 기도하면 홀가분한 느낌과 함께 기쁨과 즐거움에 휩싸였다. 기도하고 싶은 열망이 더욱 커지면서 사람을 만나고 싶은 마음도 사라졌다.

1만 2천 번 하루에 6천 번씩 암송한 지 열흘이 지났을 때, 큰 스승이 젊은이를 찾아왔다. 젊은이가 그동안의 기도 경험과 내면 상태를 이야기하자 스승은 기도 습관을 강화하라며 하루에 1만 2천 번씩 예수기도를 외우라고 시켰다. 젊은이는 이 지시에도 순종했다. 평소보다 더 일찍 일어나고 더 늦게 잠자리에 들면서 예수기도 수련에 정진했다. 혀가 무뎌지고 턱이 뻣뻣해졌으며, 기도 매듭을 돌리는 손목에 통증이 생길 정도였다. 그런데 손목의 통증이 팔꿈치로 퍼질 때는 묘한 쾌감을 느끼기도 했다. 닷새 동안 하루에 1만 2천 번씩 예수기도를 암송하자, 기도는 완전히 습관이 되었고 몸에 배어들었다. 기도하고 싶은 마음이 더욱 커짐에 따라 기도는 점점 더 즐거워졌다.

그러던 어느 날, 아침에 다른 기도문을 외우려고 하는데 아무리 애를 써도 혀가 말을 듣지 않았다. 그래서 그 기도문 대신 예수기도를 외웠더니 홀가분함과 기쁨에 휩싸여 혀와 입으로 예수기도를 쏟아내기 시작했다. 이때의 느낌을 젊은이는 "마치 다른 별에 있는 것 같은 기분"이었다고 묘사한다. 이러한 기도 경험을 이야기하자 큰 스승은 당연한 결과라고 하면서 말했다.

"그건 예수기도를 쉬지 않고 수련한 데서 오는 당연한 결과네. 마치 기계의 바퀴가 한 번 돌기 시작하면 한참 동안 저절로 돌아가는 것과 마찬가지지. 더 오래 돌아가게 하려면 거기다 기름을 치고 규칙적으로 돌려줘야 하네."

그러면서 이제 횟수에 집착하지 말고, 하나님의 뜻에 순종하며 겸손히 그분의 도움을 기다리는 자세로 기도하라고 했다.

예수기도를 집중적으로 수련하면서 젊은이는 기도의 열매를 경험하기 시작했다. 그것은 깊은 평화와 내적 기쁨이었다. 심지어 꿈조차 그는 기도하는 꿈을 꾸었다. 세속에 관한 생각은 사라지고 마음에 기도 생각만 가득했다. 가슴은 따뜻해졌고, 모르는 사람들까지도 가족처럼 느껴졌다. 지루하기만 하던 예배는 짧게 느껴지고, 외로운 오두막은 화려한 궁전처럼 보였다. 이처럼 젊은이가 경험한 예수기도의 열매는 심리적 평화에서 시작하여 관계의 성숙으로 이어졌으며 시간과 공간 경험의 변화로까지 확장되었다.

기도의 열매 시간이 지나면서 그의 기도는 한층 더 깊어졌다. 기도가 입에서 머리(정신)로, 머리에서 심장(마음)으로 들어가는 것을 느꼈다. 심장의 박동과 기도의 박자가 일치하자 그는 입술의 기도를 멈추고 심장이 하는 기도를 따랐다.

예수기도의 발전은 신앙의 성숙이기도 했다. 무엇보다 예수님에 대한 사랑이 깊어졌다. 예수님에 대한 사랑은 심장에 미묘한 통증을 느낄 정도로 그윽하고 뜨거워졌다. 예수님의 사랑을 묵상할 때마다 자기 같은 죄인에게 '주님의 이름으로' 베푸신 위로와 사랑과 자비에 감사하고 싶은 마음이 간절했다.

그리스도의 사랑으로 충만해지자 만물도 새롭게 보였다. 기도하면 나무, 풀, 새, 땅, 공기, 빛 등 삼라만상이 하나님의 사랑을 노래하는 것 같았다. 만물이 하나님께 기도하고 하나님을 찬양하는 것 같았다. 젊은이는 『필로칼리아』에 나오는 "모든 피조물의 언어를 안다"는 말의 의미를 이해하기 시작했다. 사물을 통해 하나님의 현존을 감지하는 '성사적(聖事的) 감각'이 열리는 아름다운 경험을 한 것이다.

이게 끝이 아니었다. 젊은이는 예수기도의 열매가 영적·감정적·계시적 차원에서 나타난다는 것을 경험으로 깨달았다. 영적 차원에서는 하나님의 사랑에 대한 감미로움과 내적 평화, 순결한 생각과 하나님에 대한 기쁨이 일어났고, 감정적 차원에서는 심장에서 기쁨이 끓어오르고 가슴이 따뜻해지며 삶의 유쾌함과 생동감이 느껴졌다. 계시적 차원에서는 지성이 밝아지고 성경이 더 깊이 이해되었다. 피조물의 언어도 알게 되었고, 근심과 걱정에 대해서도 초연해졌으며, 하나님의 친밀한 임재와 사랑을 확신하게 되었다.

마침내 젊은이는 예수기도와 완전히 하나가 되었다. 예수기도에 익숙해진 나머지 아무 노력을 기울이지 않는데도 정신과 마음이 저절로 기도를 되풀이하는 것을 느꼈다. 깨어 있을 때나 잠잘 때나 어떤 상황에서도 기도는 멈추지 않았다. 그에게 예수기도는 이제 행

위가 아니라 존재의 리듬이 되었다. 그는 더 이상 기도를 '하는' 게 아니라 기도가 '되었다.'

●●● 실천을 위한 권고

러시아의 젊은 순례자처럼 '쉬지 않고 하는 기도'에 대한 갈망을 품고 예수기도를 수련한다. 그렇다고 3천 번이나 6천 번, 심지어 1만 2천 번 하려고 애쓸 필요는 없다. 과한 욕심은 영적 성장을 방해하며 자칫하면 영적 교만에 빠질 수 있다.

예수기도가 깊어지려면 무엇보다 먼저 입술과 혀에 익숙해져야 한다. 기도가 입술과 혀에 달라붙을 정도가 되어야 한다. 아침저녁으로 형식 수행을 15~20분 정도 소리 내어 기도한다. 형식을 갖추지 않은 자유 수행도 일상생활 중에 수시로 시도한다. 밥 짓고 설거지하고 청소하고 빨래하고 산책할 때나 출퇴근 길의 버스나 지하철, 자가용 안에서도 기도할 수 있다.

무엇보다 이번에는 소리 내지 않고 침묵으로도 수련한다. 기도가 혀에서 입술로, 입술에서 머리(정신)로, 정신에서 심장(마음)으로 들어가려면 반드시 침묵으로 수련해야 한다. 침묵 속에서 기도하려면 혀와 입술을 멈추고 '정신으로'만 기도해야 한다. 작은 소리도 내지 않는다. 처음에는 낯설겠지만 매일 꾸준히 수련하다 보면 차츰 익숙해진다.

이 죄인을
불쌍히 여기소서

예수기도를 지도하다 보면 가끔 이런 질문을 받는다. 예수기도의 두 번째 부분인 "이 죄인을 불쌍히 여기소서"를 "제게 자비를 베푸소서"라고 하면 안 되느냐고. 물론 안 될 이유는 없다. 성경에도 두 가지가 다 나온다. 눈먼 사람 둘이 예수님께 고쳐 달라고 할 때 이렇게 외쳤다. "주님, 우리를 불쌍히 여겨 주십시오!"(마 20:30) 바리새인이 교만하게 기도할 때 세리는 이렇게 기도했다. "하나님, 이 죄인에게 자비를 베풀어 주십시오."(눅 18:13)

그렇다면 왜 죄인을 불쌍히 여겨 달라는 것보다 자비를 베풀어 달라는 것이 편할까? 자비를 베풀어 달라는 기도는 단순히 하나님의 도움을 비는 것이다. 기적과 요행을 바라는 기복신앙의 심리가 살짝 깔려 있다. 반면 죄인을 불쌍히 여겨 달라고 기도하려면 죄를 자각해야 한다. 죄의 자각이 모호하면 "이 죄인을 불쌍히 여기소서"

라는 기도가 진실하거나 간절할 수 없다. 이때의 예수기도는 무미건조한 주문(呪文)이 되기 쉽다. 그리고 죄를 자각한다는 것은 그리 기분 좋은 일이 아니다.

죄의 자각 죄의 자각은 예수기도의 선행조건이다. 죄의 자각에서 구원에 대한 갈망이 나오고, 구원에 대한 갈망에서 예수님이 주라는 고백이 나오기 때문이다. 하지만 한국교회의 죄에 대한 담론에는 다음과 같은 문제가 있다.

첫째, 죄에 대한 교리적인 인식에 비해 경험적 자각이 부족하다.
둘째, 죄책감에 비해 죄의식(죄의 자각)이 빈약하다.

바울은 어땠을까? 잘 알려진 대로 그는 자신을 "죄인의 우두머리(괴수)"(딤전 1:15)라고 고백한다. 궁금하다. 한때 "율법의 의로는 흠 잡힐 데가 없는 사람"(빌 3:6)이라고 장담한 사람이 어떻게 자신을 "죄인의 우두머리"로 고백할 수 있었을까?

바울의 고백은 기독교인들을 박해했던 과거를 회고하는 문맥에서 나온다. "내가 전에는 훼방자요 박해자요 폭행자였습니다."(딤전 1:13) 그렇다면 죄인의 우두머리라는 바울의 고백은 자신이 인류역사상 가장 극악한 훼방자요 박해자요 폭행자였다는 사실을 말하는 것일까? 그렇지는 않다. 바울과 거의 동시대인인 네로나 도미티아누스 황제는 바울과 비교할 수 없을 정도로 잔인하게 기독교인들을 박해한 폭군이었다.

그렇다면 그 고백은 수사학적 과장이었을까? 그것도 아니다. 죄인의 괴수라는 고백은 죄의 실상을 '실제로' 깨달았을 때 절규처럼 터져 나온 통렬한 고백이었다. 죄에 대한 교리적 수긍이 아니라 경험적 자각이었던 것이다. 바울의 죄의식(죄의 자각)은 영적인 각성이었지 심리적 병리 현상인 죄책감이 아니었다. 상습적인 죄책감은 떨쳐버릴수록 영적 건강에 유익하고, 죄의식은 깊을수록 영적 성장에 유익하다. 죄의식은 구원을 갈망하는 내적 동인인 까닭이다.

그러면 어떻게 해야 죄에 대한 깊은 깨달음(죄의식)을 얻을 수 있을까?

죄의 종류   성경에는 죄악 목록이 여럿 나온다. 예수님은 음행, 도둑질, 살인, 간음, 탐욕, 악의, 사기, 방탕, 악한 시선, 모독, 교만, 어리석음 같은 것들을 지적하신다(막 7:21~23). 바울은 로마교회에 보낸 편지에서 불의, 악행, 탐욕, 악의, 시기, 살의, 분쟁, 사기, 적의 같은 죄악 목록을 열거한다. 수군거림, 중상, 하나님을 미워함, 불손함, 오만, 자랑, 악을 꾸밈, 불효, 우매함, 신의 없음, 무정함, 무자비(롬 1:29~31)도 빼놓을 수 없다.

갈라디아교회에 보낸 편지에서 죄악 목록은 음행, 더러움, 방탕, 우상숭배, 마술, 원수 맺음, 다툼, 시기, 분냄, 분쟁, 분열, 파당, 질투, 술 취함, 흥청망청 먹고 마심 따위로 늘어난다(갈 5:19~21). 디모데에게 보낸 편지는 자기를 사랑함, 돈을 사랑함, 뽐냄, 교만, 하나님을 모독함, 불순종, 감사할 줄 모름, 불경, 무정함, 원한, 비방, 무절제, 난폭함, 선을 좋아하지 않음, 배신, 무모함, 자만, 쾌락 등을 경고한다(딤후 3:2~5). 이상에서 열거한 죄악 목록을 주의 깊게 들여다보면, 죄에는 '행위'와 관련한 죄와 '마음'과 관련한 죄가 있음을 알 수 있다.

첫째, 행위와 관련한 죄는 우리가 가장 잘 아는 죄지만 죄의 자각(죄의식)에서 멀어지게 한다. 살인이나 도둑질은 명백한 죄다. 그러나 그런 죄를 짓는 사람은 드물다. 그렇기에 행위와 관련지을 때 죄의식은 피상적인 차원에 머문다. 당연히 구원에 대한 갈망도, 예수에 대한 고백도 희미해진다. "이 죄인을 불쌍히 여기소서"라는 예수기도가 간절할 리 없다.

둘째, 마음과 관련한 죄는 악의, 시기, 살의, 적의, 교만, 오만, 자만, 뽐냄, 질투, 분냄, 탐욕, 무정함, 무모함, 무절제 같은 것들이다. 사도 바울은 마음과 관련한 죄를 "내 속에(즉 마음에) 자리를 잡고 있는 죄"(롬 7:20)라고 부른다. 그는 마음처럼 "거짓되고 아주 썩은 것"(렘 17:9)이 없다는 예레미야의 통찰을 '경험적으로' 알았다. 행위 차원에서 율법의 의로는 흠 잡힐 데가 없는 사람이라는 자부심이 있었지만, 이미 자기가 '지속적인 죄의 상태'에 있음을 깨달았다. 그게 바울을 훼방자·박해자·폭행자로 만든 것이다.

예수기도를 간절하게 바칠 수 있을 때는 마음의 죄를 자각할 때다. 이때 자신이 죄인이라는 진실한 고백이 우러나오며 구원에 대한 갈망이 절실해지기 때문이다. 그래서 기독교 영성가들은 '내 속에 자리 잡고 있는 죄'에 대해 깊이 성찰했다. 4세기의 사막교부 에바그리우스가 대표적이다.

그는 『프락티코스』라는 책에서 마음의 죄를 '정념(로기스모이)'이라고 하면서 다음 여덟 가지로 분류했다.

① 탐식 : 수도사에게 건강, 생존, 질병에 대한 염려를 불러일으켜 금욕 수행을 즉시 포기하도록 유혹한다.

② 음욕 : 육체의 다양한 욕망을 자극하며, 고행을 실천할수록 수도사를 더욱 강하게 공격한다.

③ 탐욕 : 긴 노년과 손노동의 무기력, 미래의 굶주림과 질병, 궁핍의 고통 그리고 남들에게 생필품을 받는 데 따르는 수치심을 느끼게 한다.

④ 우울 : 갈망하는 것을 얻지 못할 때 생기며, 이따금 분노를 동반한다.

⑤ 분노 : 가장 격한 정념이다. 분노는 우리에게 불의를 행했거나 행한 것처럼 보이는 사람에 대한 흥분과 영혼의 동요다.

⑥ 무기력 : '정오의 악령'이라고도 부르는 무기력(아케디아)의 악령은 모든 악령 가운데 가장 사악한 놈이다.

⑦ 허영 : 이것은 매우 미묘하여 덕스러운 사람에게 쉽게 스며든다. 허영으로 인해 수도승은 자신의 투쟁을 공적으로 드러내고 사람에게서 오는 영광을 추구한다.

⑧ 교만 : 교만의 악령은 가장 심한 타락으로 이끈다. 하나님의 도우심을 인정하지 않고, 자기가 선행의 원인이라고 믿게 한다.

에바그리우스가 분류한 마음의 죄(정념)에서 우리와 무관한 것은 하나도 없다. 이러한 정념들은 하나하나 문제이기도 하지만, 서로 영향을 미치며 뒤엉켜 마음을 창조 이전의 '혼돈과 공허와 흑암'이 뒤범벅이 된 상태로 만들어 버린다. 에바그리우스는 『안티레티코스』라는 책에서 이런 마음의 상태(죄)에서 벗어나려면 '인간 수도승(uomo-monaco)'에 그쳐서는 안 되고 '정신 수도승(intelletto-monaco)이 되어야 한다고 말한다. 인간 수도승이 행위로 이루어지는 죄에서 멀어지는 사람이라면, 정신 수도승은 생각들이 마음에 불러일으킨 죄에서 멀어진 사람이며, 기도 중에 성삼위의 빛을 보는 사람이다.

간절한 기도 이제 행위로 짓는 죄보다 마음에 자리 잡은 죄가 더 문제라는 것은 알겠는데, 그렇다고 바울이 "죄인의 우두머리"라고까지 고백할 이유가 있었을까? 물론이다. 이러한 사정을 이해하려면 마음의 세 가지 성격을 알아야 한다.

마음은 자란다.
마음은 어둡다.
마음은 전염된다.

첫째, 마음은 자란다. 갓난아기가 성장하여 어른이 되는 과정은 마음이 자라는 과정이기도 하다. 갓난아기의 마음이 무심(無心)에 가깝다면 어른의 마음은 정념의 소굴이다. 둘째, 마음은 어둡다. 긍정적인 것들(칭찬, 인정 따위)은 쉽게 발설하고 증발하는 반면, 부정적인 것들(상처, 열등감 따위)은 꼭꼭 숨기고 억압하는 경향 때문이다. 셋째, 삶의 과정에서 점점 커지는 어두운 마음은 서로 전염된다. 과거에 존재했고, 현재에 존재하며, 미래에 존재할 모든 사람은 통시적으로뿐 아니라 공시적으로 연결되어 있다. 마음의 어두움(정념, 죄, 불의 등)은 범인류적인 관계의 네트워크를 통해 서로 영향을 주고받는다. 요즘은 이러한 마음의 전염이 인터넷을 통해 실시간으로 이루어진다.

바로 이것, 통시적인 동시에 공시적인 관계의 네트워크 속에서 마음을 통해 이뤄지는 '죄의 연대'는 무한에 가까울 정도로 확장된다. 그것이 바로 성경이 말하는 "공중의 권세를 잡은 통치자, 곧 지금 불순종의 자식들 가운데서 작용하는 영"(엡 2:2)이며, 죄와 사탄의 권세다. 이러한 죄의 실상을 깨달을 때 그 누가 바울처럼 "죄인의 우두머리"라고 고백하지 않을 수 있겠는가.

유감스럽게도 죄에 대한 기독교 담론은 여기서 끝나지 않는다. 행위로 드러나는 죄보다, 마음에 자리 잡은 죄보다 더욱 근본적인 죄가 있다. '본질에서 벗어나는 죄'다. 성경은 사람이 하나님의 형상대로 지어졌다고 한다. 그렇기에 하나님의 형상이라는 본질에서 벗어나는 것이 가장 심각한 죄다. 하나님의 생명과 성품이 훼손되고, 신성이 퇴화하면서 악마성이 발달하기 때문이다. 이때 우리는 신의 형상은 물론 인간의 얼굴마저 잃은 야수(野獸)가 된다. 마음에 자리 잡은 죄든, 행위로 짓는 죄든 모두가 여기에서 나온다. 하여 본질에 대한 무지와 그로부터의 일탈이 가장 근본적인 죄다.

하나님의 생명에서 떠나고, 하나님의 형상을 잊고, 하나님의 성품을 잃어 악마의 하수인이 된 자신의 모습을 깨달으면 절규하지 않을 수 없다. "아, 나는 비참한 사람입니다. 누가 이 죽음의 몸에서 나를 건져주겠습니까?" 하여 간절한 마음으로 기도하지 않을 수 없다.

주 예수 그리스도
하나님의 아들이시여,
이 죄인을
불쌍히 여기소서

••• 실천을 위한 권고

이번에는 예수기도를 호흡에 실어서 하는 것을 수련한다. 마지막 수련이다. 우선 자세를 바르게 하고 눈을 감은 다음 천천히 숨을 들이쉬고 내쉰다. 숨으로 기도하려면 숨에 대해 새로운 인식이 필요하다.

숨의 특징은 하나님의 속성과 똑같다. 하나님이 언제나 우리와 동행하신다면 숨이 그렇다. 숨은 우리가 있는 모든 곳에 따라 다닌다. 하나님이 졸지도 주무시지도 않는다면 숨이 그렇다. 숨은 우리가 잠자고 있는 동안에도 멈추는 법이 없다. 하나님이 '영원한 현재(eternal now)'라면 숨이 그렇다. 우리는 과거의 숨을 나중에 몰아쉬지 않고 미래의 숨을 미리 쉬지 않는다. 숨은 언제나 현재다. 천천히 숨을 들이쉬고 내쉬면서 숨에 주의를 기울일 때 우리는 현재라는 순간에 머문다.

숨에 대한 이러한 영성적 인식을 갖고 숨을 천천히 들이쉬고 내쉰다. 이때 지나치게 천천히 숨 쉬려고 애쓸 필요는 없다. 숨은 편하고 자연스러워야 한다. 예수기도를 숨에 담아서 하려면 자기의 숨을 찾아야 한다.

숨이 편하고 자연스러워지면 첫 번째 들숨에 "주 예수 그리스도", 첫 번째 날숨에 "하나님의 아들이시여", 두 번째 들숨에 "이 죄인을", 두 번째 날숨에 "불쌍히 여기소서"를 부드럽게 실어본다. 이것은 예수기도를 두 박자로 하는 수련이다.

네 박자로 할 수도 있다. 첫 번째 들숨과 날숨에 "주 예수 그리스도", 두 번째 들숨과 날숨에 "하나님의 아들이시여", 세 번째 들숨과 날숨에 "이 죄인을", 네 번째 들숨과 날숨에 "불쌍히 여기소서"라고 한다. 이렇게 수련하는 동안 우리는 예수 그리스도 '안에' 머물 것이며, 그리스도와 '함께' 살 것이며, 그리스도를 '통해' 일할 것이며, 그리스도'처럼' 될 것이다. 존 웨슬리 구원론의 꽃인 성화와 완전이 교리가 아니라 차츰 현실이 될 것이다. 예수기도가 선물하는 얼마나 큰 은총인가!

PART 4. 향심기도

예수기도와 함께

향심기도만큼

'기독교적인, 너무나 기독교적인'

기도도 없지 싶다.

기독교적인
너무나 기독교적인

하나님은 무한한 신비다. 그렇기에 유한한 존재의 하나님 경험은 단편적일 수밖에 없다. 하나님은 궁극의 새로움이다. 그렇기에 과거의 하나님 경험은 한시적일 수밖에 없다. 그렇기에 인간이 하는 모든 하나님 경험은 언제나 상대적이다. '하나의-유일한-절대적인' 하나님 경험은 불가능하다.

"하나님에 대하여 말하는 모든 남자 여자는 한 인간임을 기억해야 한다."(호세 마르도네스) 하지만 이런 뻔한 사실을 우리는 자주 망각하고 절대화의 오류에 빠진다. 하나님 경험은 영혼을 사로잡고 압도하는 경험인 까닭이다.

절대화의 딜레마 실존적 차원에서 '나의' 하나님 경험을 절대화하는 것이 잘못은 아니다. 오히려 필요한 일이다. 그래야 흔들리지 않는 삶과 신앙의 토대가 마련될 테니 말이다. 하지만 관계의 차원에서 '나의' 경험을 절대화할 때 '하나님'은 분리와 갈등의 원인이 된다. 심지어 마녀사냥을 정당화하는 근거가 되기도 한다.

나의 하나님 경험이 나에게 절대적 의미를 지닌다고 해서 '너의' 하나님 경험을 무시해도 되는 것은 아니다. 오히려 그 반대다. 나의 경험이 중요하다면 너의 경험도 중요하다. 나의 어머니가 절대적인 존재인 만큼 너의 어머니도 절대적인 존재다.

따라서 나의 하나님을 절대화하면서 너의 하나님을 비난하는 것은 신실한 그리스도인이 취할 태도가 아니다. 그런 태도는 하나님 경험을 빈곤하게 하는 최악의 태도다. 왜냐하면 무한한 신비인 하나님을 하나의 경험에 가둠으로써 하나님 경험의 다양한 가능성을 차단하기 때문이다. 실존적 절대성과 관계적 상대성의 긴장을 잘 유지할 때 우리는 하나님의 신비에 한 걸음 더 가까이 다가간다. 그런 태도가 상호 존중을 통한 공존과 평화의 길이며, 하나님을 더욱 풍성하게 맛보는 지복의 길이다.

기도도 마찬가지다. 기도란 하나님과 관련한 영적 행위로서 하나님의 신비에 가까이 다가가는 최선의 길이다. 그런데 하나님은 무한한 신비이므로 그 신비에 이르는 길인 기도도 하나일 수 없다. 그래서도 안 된다. 그런데 한국교회는 하나의 기도 형식에 치우쳐 있음을 부인할 수가 없다. 통성의 형식으로 부르짖는 간구 말이다. 게다가 한국교회는 기도를 많이 한다고 자부한다. 실제로 여러 기도회를 열어 열심히 부르짖는다. 한국교회는 그렇게 기도하면서 양적으로 성장했다.

하지만 영성 형성과 인격 성숙의 관점에서 한국교회의 기도 행습(行習)을 성찰하면 아쉬운 점이 많다. 욕망을 '변형시켜' 성화에 이르기보다 욕망을 '성취하여' 성공하려는 기도 일색이니 말이다. 물론 이런 기도도 안 하는 것보다는 낫다. 하지만 이런 기도는 아무리 많이 해봐야 기도의 대양에 떨어지는 한 방울의 물에 지나지 않는다. 하나님이 무한한 신비요 궁극의 새로움이라면, 기도의 세계 또한 상상할 수 없을 만큼 신비하고 새로우며 광대하고 심오하다. 그런데 하나의 기도 방법에 치우쳐 있다면 기도를 많이 하는 것이 역설적으로 기도를 빈곤하게 하고, 하나님 경험을 빈곤하게 하는 지름길이 될 수 있다.

기독교적인 한국교회의 기도가 한 가지 기도 방법에 치우친 것도 문제지만, 기독교적인 기도가 아니라는 사실은 더 큰 문제다. 따라서 기도를 많이 하기 전에 우리는 그 기도가 기독교적인지를 따져 보아야 한다.

그러면 기독교적인 기도란 어떤 기도일까? 14세기에 익명으로 출판된 『무지의 구름』은 훌륭한 답을 제공한다. 독자를 관상기도의 여정에 초대하는 이 책의 저자는 먼저 '하나님'이라는 제목의 기도시를 소개한다.

어떤 은밀한 것도 당신께는 숨기지 못하옵기에
제 마음의 지향을 정결케 하시어
당신을 온전히 사랑하게 하소서.

시에서 분명히 드러나듯이 저자가 생각하는 기도의 목적은 '당신을(하나님을) 온전히 사랑'하는 것이다. 이어서 저자는 아무나 책을 읽게 하지 말라고 경고한다. "그대에게 간청하거니와 이 책을 가지고 있다면 [함부로] 읽어주지도, 글을 써 보내지도, 말하지도 말며 누가 읽거나 글을 쓰거나 언급하도록 허용하지도 말 것입니다."

뜻밖이다. 책의 저자라면 많은 사람이 읽기를 바랄 텐데 아무나 책을 읽지 않게 해달라고 당부하니 말이다. 물론 이유가 분명하다.

"혹시 그렇게(읽게) 하고 싶으면 그대가 판단하기에 온전히 그리스도를 따르겠다고 확고하게 다짐한 사람이어야 합니다. 그렇지 않으면 이 책은 아무런 의미도 없습니다."

저자는 이런 단서도 단다. "설령 소란꾼이나 아첨꾼, 허풍쟁이, 잔소리꾼, 험담꾼, 수다쟁이, 고자질쟁이나 이런저런 불평꾼이 이 책을 보지 않는다고 해서 나는 조금도 개의치 않습니다. 그저 호기심뿐인 지식인들도 마찬가지입니다. 하지만 성령의 작용으로 관상 기도에 마음이 쏠리고 있는 이들에게는 상당한 의미가 있을 것입니다. 이런 사람들이 이 책을 볼 경우 그들은 하나님의 은총에 힘입어 많은 영감을 얻을 것이 분명합니다."

결국 『무지의 구름』의 저자가 염두에 둔 기도의 목적은 다음의 세 가지다.

첫째, 하나님을 온전히 사랑하는 것.
둘째, 그리스도를 따르겠다고 확고하게 다짐하는 것.
셋째, 성령의 작용에 마음을 쏟는 것.

이로부터 기독교적인 기도가 어떤 것인지 분명해진다. 그것은 성부 하나님을 사랑하고, 성자 예수 그리스도를 따르고, 성령의 작용에 마음을 쏟는 기도다.

너무나 기독교적인 그렇다면 그동안 우리가 수련해 온 예수기도는 기독교적인 기도의 정수라고 할 수 있다. 예수기도야말로 삼위일체 하나님과 더불어 하는 기도이기 때문이다. 예수기도를 수련하는 기도자는 예수를 "하나님의 아들"로 고백하면서 성부 하나님과의 친밀한 관계에 참여한다. 또 예수를 "주"로 고백하면서 성령의 현존에 들어간다. 성령을 힘입지 않고서는 아무도 "예수는 주님이시다" 하고 말할 수 없기 때문이다(고전 12:3).

이처럼 예수기도는 성령 안에서 그리스도께 기도하며, 그리스도를 통하여 아버지 하나님께 나아가는 기도다. 기도자는 성부 성자 성령의 '페리코레시스(perichoresis)' 곧 삼위일체 하나님의 '서로 사랑(상호내재)'의 신성한 춤에 참여한다. 그런 의미에서 예수기도는 기독교적인 기도로 손색이 없다.

예수기도가 동방교회 전통을 통해 전승되었다면, 서방교회 전통을 통해 전승된 명상적 형태의 기도(관상기도)가 있다. '향심기도(centering prayer)'가 그것이다. 향심기도의 주창자 중 한 사람인 토머스 키팅은 향심기도를 "성부 성자 성령 삼위일체 하나님이 우리 안에 현존하신다는 믿음에 뿌리를 내리고 있는 기도"라고 묘사한다.

향심기도는 초기 기독교의 관상 전통을 현대인에게 소개할 목적으로 70년대 중반에 시작됐다. 토머스 키팅 외에 향심기도의 탄생과 성장에 큰 공헌을 한 사람은 윌리엄 메닝거와 바실 페닝턴이다. 이 셋은 모두 베네딕트회 수도사들이었는데, 당시 많은 젊은이가 수도원 근처의 불교 명상센터로 몰려가는 것을 보면서 기독교 영성 전통 안에 있는 명상적 형태의 기도를 재발견하고 현대화하려고 애썼다.

세 사람 중에서 윌리엄 메닝거는 위에서 언급한 『무지의 구름』이 추천하는 기도에서 답을 찾았다. 그 기도는 한 낱말로 하는 아주 단순한 기도였다. 그는 이 기도를 책 제목을 본떠 '구름기도(The Prayer of the Cloud)'라고 불렀고, 사제들을 위한 피정에서 가르쳤다. 그런데 뜻밖에 평신도들이 큰 관심을 보이자 토머스 키팅은 평신도를 위한 워크숍을 열었고, 구름기도는 수도원 담을 넘어 세상에 퍼지기 시작했다. 그러던 중 워크숍에 참석한 어떤 사람이 "기도란 중심을 향하는 것"이라는 토머스 머튼의 말을 인용하면서 구름기도를 중심을 향하는 기도, 즉 '향심(向心)기도'로 부르자고 제안했다. 구름기도야말로 내면(중심)에 현존하는 삼위일체 하나님을 지향하는 기도였기 때문이다. 이때부터 구름기도는 향심기도로 불리기 시작했다.

향심기도는 기독교 영성 전통의 알짬을 담고 있는 가장 기독교적인 기도다. 토머스 키팅은 향심기도의 특징을 이렇게 묘사한다.

"사람들은 한 종류의 허브로 만든 차를 마시기도 하고, 여러 가지 허브를 섞은 차를 마시기도 한다. 『무지의 구름』은 하나의 허브다. 다른 허브도 여럿 있는데 동방교회 전통의 예수기도가 그렇고, 중세 초기 수도원에서 행해졌던 거룩한 독서(렉시오 디비나)가 그렇고, 성서의 한 구절이나 기도문을 반복하는 염경기도가 그렇고, 순수한 신앙 상태에서 하나님의 현존 속에 머무는 현존기도가 그렇고, 십자가의 성 요한이 추천한 것처럼 사랑 안에서 하나님을 향하는 기도가 그렇다."

••• 실천을 위한 권고

향심기도를 수련하기 전에 먼저 침묵 수련을 한다. 침묵의 중요성은 아무리 강조해도 지나치지 않는다. 다음의 격언을 잘 새기기를.

"침묵은 하나님의 가장 친한 친구입니다."(요한 클리마쿠스)
"침묵처럼 하나님을 닮은 것은 없습니다."(마이스터 에크하르트)
"침묵은 하나님의 첫 번째 언어입니다."(십자가의 요한)

시리아의 성 이삭은 아예 "침묵은 하나님이다"라고까지 말한다. 예수기도든 향심기도든 기도의 성장과 발전은 침묵에 얼마나 익숙해지느냐에 달려 있다. 그래서 이번에는 수시로 침묵에 잠기는 연습을 한다. 어디서 하든지 다음의 순서로 한다.

① 자세를 바르게 한다.
② 눈을 감는다.
③ 숨을 천천히 들이쉬고 내쉰다.
④ 침묵 속에 고요히 머무른다.

이 수련을 하루에 두 번 아침저녁으로 한다.(처음에는 5분 정도 하고, 차츰 10분, 15분, 20분으로 늘린다.) 일상생활을 하면서 수시로(사무실, 화장실, 버스, 지하철, 운전 중) 침묵 속에 머물면서 하나님의 현존에 머무른다.

순수한 믿음의 길
_향심기도에 대한 오해

모든 기도에는 그 기도가 열어주는 경지가 있다. 중보기도와 감사기도의 경지가 있고, 청원기도와 묵상기도의 경지가 있다. 당연히 통성기도의 경지도 있다.

그러면 우리가 탐색하려는 향심기도의 경지는 어떤 것일까?

얄밉게 들리겠지만, 경험해 보지 않으면 알 수가 없다. 향심기도가 열어주는 경지의 '너비와 길이와 높이와 깊이'는 헤아림이 불가능하다. 삼위일체 하나님의 사랑의 사귐에 참여하며 그것을 향유하는 기도이기 때문이다. 그렇기에 하나님을 향하는 모든 기도는 향심기도로 수렴하며, 향심기도는 다른 기도들을 포괄한다. 그래서 향심기도의 선구자 토머스 키팅은 "향심기도는 모든 기도의 전제이며 목표다"라고 말한다. 맞는 말이다. 용어가 낯설어 그렇지 향심기도는 기도의 시작이며 끝이다.

외국어   그동안 살아오면서 하나님의 은혜를 많이 받았지만, 으뜸은 향심기도를 만난 것이다. 향심기도는 내가 사망의 음침한 골짜기를 지날 때 나를 구원하고 위로해 준 '하나님의 막대기와 지팡이'였다. 요즘 젊은이들이 스마트폰 없이 지내는 일상을 상상할 수 없듯이, 향심기도를 맛본 나는 향심기도 없이 지내는 삶을 상상할 수 없다.

향심기도 수련은 외국어를 습득하는 과정과 비슷하다. 처음 배울 때 외국어는 매우 낯설고 어색하다. 유창해지려면 시간이 오래 걸린다. 반복 연습을 끊임없이 해야 한다. 하지만 외국어를 통달하면 그 유익은 말할 수 없이 크다. 대입이나 취업에 도움 되는 것은 물론, 생각하지 못한 삶의 가능성을 열어준다.

향심기도 수련도 비슷하다. 형식 면에서 통성기도가 큰소리로 부르짖는다면, 향심기도는 침묵 속에 머무른다. 내용 면에서 통성기도가 소원 성취를 위한 기도 제목을 나열한다면, 향심기도는 삼위일체 하나님의 현존에 머무르며, 하나님의 활동에 모든 것을 맡긴다. 그동안 해오던 기도의 형식과 내용이 아주 다르기에 수련을 시작하면 한동안 이질감을 느낀다. 기도가 아닌 것처럼 느껴지기도 한다. 하지만 아침저녁에 규칙적으로 수련하면 새로운 기도 습관이 형성된다. 습관 하나 들이기가 쉽지 않지만, 침묵이라는 하나님의 언어에 익숙해질 때 열리는 신앙의 경지는 신비하고 심오하고 아름답다.

하나님의 현존과 활동에 동의하는 기도라는 점에서 향심기도의 본질은 '아멘'이다. 아멘이 믿음과 순종의 표현이듯이 향심기도는 욕망을 비우는 순수한 믿음의 길이며 자기를 부인하는 온전한 순종(승복)의 길이다. 그래서 예수기도와 함께 향심기도만큼 '기독교적인, 너무나 기독교적인' 기도도 없지 싶다.

명상 요즘 명상에 관한 사람들의 관심이 크다. 뇌과학자들이 밝히는 것처럼, 명상은 뇌파를 변화시켜 스트레스 호르몬(코르티솔)을 줄이고 행복 호르몬(세로토닌)을 늘린다. 정보 처리와 의사 결정에 주요 역할을 하는 회백질 밀도를 증가시켜 학습 능력을 향상시킨다. 뇌의 신경가소성을 증가시켜 인지 기능과 정신적 유연성을 개선한다. 또한 명상은 정서 조절도 탁월해 우울증, 강박증, 불안증, 분노조절 장애, 집중력 장애 등의 치료를 도와준다.

외형적인 유사성 때문인지 향심기도를 명상 수련쯤으로 오해하는 사람들이 있다. 물론 향심기도를 수련하다 보면 명상 효과를 경험한다. 하지만 그것은 부수적인 것이다. 향심기도는 긴장 완화나 스트레스 감소를 위한 명상 수련이 아니다. 내면에 현존하시는 삼위 하나님을 지향하면서 하나님과 교제하는 것이 기도의 목적이다.

'성 삼위 하나님의 내적 현존과 활동'은 향심기도의 신학적 전제다. 그리스도는 참자아의 원형으로 내 안에 현존하신다. 하나님은 참자아의 배후이자 바탕으로 내 안에 현존하신다. 성령은 참자아를 각성하고 참자아로 전향하여 참자아에 뿌리내린 삶을 살아가도록 나를 부추기신다. 삼위 하나님의 내적 현존과 활동은 그리스도인에게 열린 신비하고 심오한 '신성 현실'이다. 향심기도 수련을 꾸준히 하면 신성 현실을 '생활 현실'만큼이나 생생하게 경험한다.

은사 향심기도를 처음 배울 때, 향심기도의 교과서인 『마음을 열고 가슴을 열고』를 읽다가 놀란 일이 있다. "향심기도는 은사가 아니다"라는 문장 때문이었다. 그때까지 나는 여러 가지 성령의 은사를 갈망했다. 은사가 풍성하면 목회도 더 잘할 것 같았고, 교회도 금세 부흥할 것 같았다.

그런데 향심기도는 은사가 아니라니! 이해할 수 없었고 실망스러웠다. 하지만 성령이 주시는 은사와 은사를 주시는 성령을 구별하면서 오해가 풀렸다. 물론 성령이 주시는 은사와 은사를 주시는 성령을 칼로 무 베듯 분리하기는 어렵다. 은사와 성령은 밀접하게 관련돼 있기 때문이다. 하지만 향심기도는 은사보다는 성령과의 친밀한 사귐에 방점을 둔다. 이것은 나무의 열매보다 열매를 맺게 하는 나무 자체에 관심을 두는 것과 같다.

사실 영적 진보는 카리스마적 은사와 별로 관련이 없다. 성령의 은사는 "영적 여정에서 진보하지 않은 사람에게도 주어질 수 있다." 성령의 은사들은 타인의 유익을 위해, 즉 덕을 세우기 위해 주어진다. 고린도전서에 나오는 방언, 통역, 예언, 치유, 말씀, 지도, 분별의 은사 등이 그렇다. 심지어 예언의 은사는 영적 성숙과 무관한 사람에게도 주어진다. 전형적인 예가 발람이다. 그는 하나님의 말씀 대신 모압 왕 발락이 듣기 원하는 것을 예언했다. 성경에 나오는 가

짜 예언자들이 그런 사람들이다.

"은사는 그 사람의 성덕이나 진보된 기도 단계를 나타내는 지표가 아니다. 은사들에 집착하면 영적 성장이 방해받는다." 이것은 영분별에서 매우 중요한 통찰이다. 영적 성장과 진보의 표지는 은사 경험의 유무나 다과에 있지 않다. 거짓자아를 깨뜨리고 존재와 의식이 그리스도를 닮고 변형되는 것이 영적 성장의 가장 확실한 표지다. 그리고 그 변형 과정은 향주삼덕으로 알려진 믿음과 소망과 사랑의 성장에 달려 있다. 은사주의에 치우친 한국교회가 귀담아들어야 하는 이야기다.

신비 체험 영적 여정에 나선 사람들은 초자연적인 신비 체험을 갈망한다. 황홀경, 환상, 탈혼, 환청, 신유, 투시, 예지… 이런 경험이 풍부한 사람들은 부러움의 대상이 되기도 한다.

나도 향심기도 수련 중에 신비한 환상을 보았거나 천상의 향기를 맡았다는 사람을 만난 적이 있다. 평생 시달리던 가려움증이 사라졌다는 사람도 있었다. 하지만 이러한 신기한 경험들은 흘려보내야 할 '생각들(분심들)' 중 하나다. 그리스도께서 하나님의 오른편에 앉아 있는 환상을 보더라도 향심기도 중에는 흘려보내야 한다. 향심기도가 지향하는 것은 하나님 자체이지 하나님에 '관한' 환상도 환청도 아니기 때문이다.

우리는 연인과 교제하지 연인의 사진이나 영상과 교제하지 않는다. 만일 연인을 사랑하지 않고 사진이나 영상에 집착한다면 그것은 병든 사랑일 뿐 아니라 연인을 모독하는 일이다.

십자가의 성 요한은 『가르멜의 산길』에서 외적인 것에서 내적인 것에 이르는 모든 영적 현상을 살펴본 다음 그 모든 것을 흘려보내라고 강력하게 권고한다. 그것만이 순수한 믿음을 통해 하나님과 하나 되는 길인 까닭이다. 영적 여정에서 중요한 것은 은사 체험도 신비 체험도 아니다. 의식의 수준이 상승하고 존재와 인격이 변형되는 것이 무엇보다 중요하다. 이뿐 아니라 정서와 사고 구조, 기억과 상상 패턴, 의지와 행동의 습관이 변해야 한다. 또한 거짓자아가 해체되고, 에고가 깨져야 한다. 사도 바울의 말처럼 '구습을 좇는 옛사람'을 벗어버려야 한다. 구습을 좇는 옛사람은 모든 것을 왜곡하기 때문이다. 참된 것을 거짓된 것으로, 선한 것을 악한 것으로, 아름다운 것을 추한 것으로, 성스러운 것을 속된 것으로.

루드 버로우라는 영성가는 『신비기도 지침서』라는 책에서 '밝은' 신비주의와 '어두운' 신비주의를 구별한다. 전자는 신비 경험이 풍부한 경우며, 후자는 반대의 경우다. 영적 여정을 시작하자마자 신비 체험을 풍성하게 하는 사람도 있지만, 수도원에서 수십 년을 지내도 신비 체험을 못 하는 사람도 있다. 하지만 초자연적 신비 체험의 양이 영적 성장의 질을 결정하지 않는다. 신비 체험이 많은 사람은 하나님의 사랑이 많이 필요한 사람일 뿐이다.

중요한 것은 성 삼위 하나님과의 친밀한 관계, 깊은 사귐, 온전한 일치다. 그 과정을 통해 그리스도의 존재와 의식 상태에 도달하는 것이다. 그래서 관상기도(향심기도)를 '순수한 믿음의 길'이라고 한다.

●●● 실천을 위한 권고

향심기도는 언어를 배우는 것과 같다. 무엇보다 하나님의 언어인 침묵에 익숙해지는 것이 중요하다. 앞에서 소개한 것을 참고하여 다음의 순서로 한다.

① 자세를 바르게 한다.
② 눈을 감는다.
③ 숨을 천천히 들이쉬고 내쉰다.
④ 침묵 속에서 하나님의 현존에 고요히 머무른다.
⑤ 침묵 속에서 하나님의 활동에 모든 것을 맡긴다.

이 수련을 하루에 두 번 아침저녁으로 한다.(처음에는 5분 정도 하고, 차츰 10분, 15분, 20분으로 늘린다.) 침묵 속에서 하나님의 현존에 머무르고 하나님의 활동에 모든 것을 맡기는 태도를 기른다.

순수한 기도
_향심기도의 뿌리

향심기도를 할 때 이따금 떠오르는 시가 있다. 타고르의 『기탄잘리』 일곱 번째 노래다.

"나의 노래는 모든 장식을 떼어 냈습니다. 나의 노래는 자랑할 만한 옷과 치장을 갖고 있지 않습니다. 모든 장신구는 우리의 하나됨을 방해합니다."

왜 이 시가 떠오르는 걸까? 향심기도야말로 하나님과 하나됨을 방해하는 모든 장식을 떼어 내는 기도인 까닭이다. 향심기도는 영적 여정에서 종종 경험하는 초자연적 현상에 초연하다. 방언·예언·신유 같은 은사 체험도, 텔레파시·투시·유체이탈 같은 초감각지각(ESP)도, 탈혼·환시·환청 같은 신비 체험도 예외는 아니다.

물론 이런 체험들이 불필요하지는 않다. 하나님의 존재를 확인하거나 하나님의 사랑을 깨닫는 데 필요하다. 하지만 거기까지다. 그런 체험들은 하나님을 가리키는 손가락일 뿐이지 하나님이 아니기 때문이다. 우리는 손가락과 사랑하지 않는다. 그래서 십자가의 성 요한은 영성시 '모든 것'에서 이렇게 가르친다.

"어떤 것에 네 마음을 머물러 두면 온전하심에 너 자신을 맡기지 못한다. 온전하심에 온전히 다다르려면 모든 것에 대해 너 자신을 온전히 끊어야 한다."

여기서 '온전하심'은 하나님에 대한 은유다. 그 하나님께 온전히 다다르려면 '어떤 것에 마음을 머물러 두면' 안 되고 '모든 것에 대해 자신을 온전히 끊어야 한다.' 아무리 황홀하고 감미로운 체험이어도 그렇다.

향심기도가 그런 기도다. 하나님 자체를 사랑하기 위해 모든 것을 비운다. 장식을 떼어 내고 손가락을 떠난다. 향심기도는 그 어떤 영적 장식에도 집착하지 않는다. 그만큼 단순하고 담백하고 순수한 기도다.

순수한 기도   '순수한 기도(pure prayer)'에 대한 담론은 4세기 사막 교부인 요한 카시아누스(360~435)의 『담화집(Conferences)』에 나온다. 이 책은 사막의 수도사들이 나눈 영적 대화를 담고 있다. 아홉 번째 담화에서 압바 이삭은 기도할 때 이렇게 하라고 한다.

"우리는 마음에서 혼란과 잡념과 걱정을 완전히 비우고, '골방에 들어가 문을 닫고서 숨어서 계시는 아버지께 기도하라'는 복음 말씀을 따라야 합니다."

순수한 기도는 문제 해결이나 소원 성취를 비는 기도가 아니다. 마음의 골방에서, 외부 세계를 향한 문을 닫고, 숨어 계시는 하나님의 현존에 머무르는 기도다. 그러기 위해 '혼란과 잡념과 걱정'을 비운다. 비울수록 기도는 더욱 순수해지며, 기도가 순수해질수록 하나님을 향한 사랑이 뜨겁게 불타오른다. 하여 순수한 기도를 '불의 기도'라고도 한다. 물론 이때의 뜨거움은 필요한 것을 얻으려고 사력을 다해 부르짖을 때의 뜨거움이 아니라 하나님을 갈망하는 영혼의 뜨거움이다.

사막 교부들에서 시작한 순수한 기도는 성 베네딕투스(480~547)로 이어진다. 수도원의 아버지라 불리는 그는 『규칙서』에서 이렇게 가르친다.

"하나님께 기도할 때 기도는 순수하고 뜨거워야 하며, 빈말을 장황하게 할 필요가 없음을 기억해야 한다. 왜냐하면 기도할 때 중언부언하기보다 마음이 순수하고 눈물 어린 간절함을 지니는 것이 더욱 중요하기 때문이다. 따라서 기도는 언제나 짧아야 하고, 영적 열정으로 충만해야 한다."

베네딕투스가 수도사들에게 권장하는 기도도 순수한 기도와 뜨거운 기도다. 이런 기도는 중언부언하지 않으며, 간절함과 영적 열정으로 충만한 짧은 기도다. 13세기 영성의 대가 마이스터 에크하르트도 순수한 기도를 가르친다.

"어떤 사람이 세상 것을 바라는 마음으로 하나님께 간구한다면, 이때 그는 하나님께 간구하는 것이 아니고 우상을 향해 비는 것입니다. … 나는 기도하되 그저 나를 순수하게 해달라고 기도할 것입니다. 내가 순수하다면 하나님은 자신을 주시지 않을 수 없기 때문이지요."

그에 따르면 기도의 목적은 세상 것이 아니라 하나님을 얻는 것이다. 그래서 그는 세속의 부나 마음의 위안을 얻기 위해 기도하지 말라고 충고한다. 그런 기도는 우유나 치즈, 그리고 소가 주는 이익 때문에 소를 사랑하는 것처럼 불순한 까닭이다.

16세기의 신비가, 십자가의 성 요한도 순수한 기도의 탁월한 계승자다. 그는 『사랑의 산 불꽃(Living Flame of Love)』에서 "오직 하나님만을 갈망하고, 그분과 완전한 일치를 추구하는 순수한 기도 상태"에 관해 말한다. 그러한 상태에 들려면 영혼이 하나님의 불에 태워져야 한다. 그 불은 "영혼을 완전히 정화하고, 모든 불순물을 태워버리며, 영혼을 순수하게" 만든다. 이런 기도는 말로 할 수가 없고 침묵 한가운데에서 이뤄진다. 영혼의 심층에서 솟아나는 하나님을 향한 순수한 열망과 사랑이기 때문이다. 이때 아무것도 바라지 않는 영혼은 침묵 속에서 부르짖는다.

"오, 사랑의 불꽃이여,

나의 영혼 깊은 곳에서 타오르며,

나를 정화하고 나를 하나님과 하나 되게 하소서.

나의 모든 욕망과 갈망을 태워버리고,

오직 주님만을 원하게 하소서."

무지의 구름 순수한 기도는 하나님만을 '순수하게' 사랑하는 기도다. 마음과 목숨, 힘과 뜻을 다해 하나님을 사랑하라는 예수님의 말씀을 받드는 기도다. 그러려면 혼란과 잡념과 걱정을 비워야 한다(카시아누스). 중언부언하지 말아야 한다(베네딕투스). 세속의 부나 내적인 위안 따위 우상을 버려야 한다(에크하르트). 마음에 있는 모든 욕망과 갈망을 태워버려야 한다(십자가의 요한).

문제는 '어떻게?'다. 어떻게 마음에서 혼란과 잡념과 걱정을, 중언부언을, 세속의 우상들을, 욕망과 갈망들을 비울 수 있을까? 14세기에 익명의 저자가 쓴 『무지의 구름』이 아주 구체적인 방법을 알려준다.

이 책에는 두 가지 '구름'이 나온다. 첫 번째 구름은 '망각의 구름'이다. 이는 하나님에게서 멀어지게 하는 피조물들을 덮어버리는 구름이다. 피조물에는 사물과 사람은 물론, 성인이나 천사 같은 영적인 존재도 포함되며, 심지어 하나님의 자비나 천상의 기쁨도 포함된다. 하나님을 온전히 사랑하려면 이 모든 것을 망각의 구름으로 덮어야 한다. 하나님 이외의 것들에 집착하지 말라는 뜻이다.

두 번째 구름은 '무지의 구름'이다. 무지의 구름은 우리와 하나님 사이를 가로막는 구름이다. 하나님은 우리의 머리(이성)로 알 수 있는 존재가 아니다. 하나님은 온전히 알려지지 않는 무한한 신비다. 무한한 신비 앞에서 이성의 인식은 무와 어둠에 불과하다. 따라서 하나님을 향해 가는 길에는 언제나 무지의 구름이 자욱하다.

그러면 어찌해야 이 무지의 구름을 뚫고 하나님께 나아갈 수 있을까? 『무지의 구름』의 저자는 그 답을 알고 있다. "우리는 하나님을 족히 사랑할 수 있지만, 생각할 수는 없습니다." 그래, 무지의 구름을 뚫을 수 있는 것은 사랑뿐이다. 그래서 저자는 권고한다.

"겸허한 사랑을 가지고 그대의 마음을 하나님께 들어 올리십시오."
"확고한 의지를 갖고 그대와 하나님 사이에 자리하고 있는 이 무지의 구름에다 뜨거운 사랑이라는 날카로운 화살을 날리십시오."
"하나님을 향한, 오로지 하나님만을 향한 꾸밈없는 사랑의 의향이면 충분합니다."

그런데 문제가 있다. 오만 가지 '생각들'에 붙들리기 때문에 하나님을 향한 사랑의 의향을 지속할 수 없다. 다행히도 『무지의 구름』은 생각들을 물리치는 아주 탁월한 방법을 가르쳐 준다. 생각들을 알아차릴 때마다 한 음절로 된 단어를 떠올리면 된다. 그가 추천하는 단어는 '하나님'과 '사랑'이다. 한 음절로 된 단어는 중언부언하는 기도보다 하나님의 귀에 훨씬 신속하게 파고든다. 그래서 그는 이런 격언을 들려준다. "짤막한 기도가 천상을 꿰뚫습니다!"

하나님을 향한 사랑의 의향을 한 음절 단어에 담아, 생각에 시달릴 때마다 떠올리면 어떤 상황에서도 하나님의 현존에 머물 수 있다. 『무지의 구름』은 이러한 기도를 '완전한 연인의 길'이라고 부른다. 하나님과의 사랑이 더욱 깊고 그윽해지기 때문이다. 이 책이 제시하는 한 낱말 기도를 현대화한 기도가 바로 향심기도다. 이 기도를 수련하면 우리도 '완전한 연인'의 길을 걸을 수 있다.

••• 실천을 위한 권고

향심기도는 하나님이 주시는 유익(문제 해결, 소원 성취 등)이 아니라 하나님 자체를 사랑하는 기도다.

먼저 나의 기도가 '순수한 기도' 전통에 서 있는지 성찰한다. 그리고 그동안 해온 침묵 수련을 통해 마음의 눈으로 하나님을 고요히 응시하면서 그분의 사랑의 현존에 머문다.

① 자세를 바르게 한다.
② 눈을 감는다.
③ 숨을 천천히 들이마시고 내쉰다.
④ 침묵 속에서 하나님의 현존에 고요히 머무르며, 하나님의 활동에 모든 것을 맡긴다.
⑤ 기도하다가 분심(생각이나 감정들)을 알아차리면 호흡을 의식하며 두세 차례 숨을 천천히 들이쉬고 내쉰다.

관계의
기도

향심기도에 입문할 때 처음 들었던 말이 '관계의 기도'였다. 물론 간구기도든 중보기도든 감사기도든 모든 기도는 하나님과의 관계를 전제한다. 하지만 기도의 강조점은 응답에 있다. 간구기도의 목표는 원하는 것을 이루는 데 있다. 중보기도도 마찬가지다. 차이가 있다면 타인에게 필요한 것을 간구하는 것 정도랄까. 감사기도는 원하는 것이 응답된 것에 대한 기쁨의 표현이다.

관계의 기도 향심기도의 목표는 기도자가 원하는 것을 응답받는 것이 아니라, 하나님과의 관계를 깊고 친밀하게 하는 것이다. 향심기도는 하나님의 위로가 아니라 위로를 주시는 하나님께 초점을 맞춘다. 하나님이 주시는 성공, 복, 부흥, 성장이 아니라 하나님과 교제하는 것이 가장 큰 갈망이다. 원래 기도는 이래야 한다. 이처럼 향심기도는 카시아누스나 에크하르트가 말한 순수한 기도인 동시에 마음과 목숨과 힘과 뜻을 다해 하나님을 사랑하라는 예수님의 첫째 계명을 실천하는 복음적인 기도다.

나는 관계의 기도라는 말을 처음 들었을 때 깜짝 놀랐다. 내가 아는, 그리고 해오던 기도는 기도 제목을 수없이 나열하면서 응답해 달라고 부르짖는 것이었기 때문이다. 이때 기도 제목은 응답을 요구하는 일종의 청구서였다. 기도 응답을 경험하면 기뻤지만, 오랫동안 기도해도 응답받지 못하면 실망이 컸다. 사업에 실패한 성도의 형편이 나아지지 않거나, 교우의 병이 악화되면 허탈했다. 심지어 죽기까지 하면 하나님과의 관계는 서먹해지고 기도의 동력은 떨어지기 일쑤였다. 기도는 할 수도 안 할 수도 없는 뜨거운 감자가 되곤 했다.

거듭 강조하지만 향심기도는 관계의 기도다. 하나님과의 교제, 사귐, 친교가 우선이다. 따라서 "기도합시다"라는 말은 "이제 하나님과 교제하는 시간을 가집시다" 또는 "하나님과의 깊은 사귐과 친교에 마음 문을 엽시다"라는 뜻이다. 관계는 둘 이상의 인격 사이에서 이뤄지는 '소통'에서 시작한다. 그 관계가 진정한 사랑의 관계라면 소통은 깊은 '사귐'으로, 깊은 사귐은 '일치'로 발전하여 궁극적 '친밀' 상태에 이른다.

향심기도가 그렇다. 향심기도는 하나님과의 소통뿐 아니라 하나님과의 사귐과 친밀한 일치를 지향한다. 친밀한 일치 상태에서 향심기도 수행자는 생각과 감정을 비롯하여 자신의 존재와 삶 전체를 하나님께 맡긴다. 삼위일체 하나님의 사랑의 친교에 참여하며, 그 신성한 사랑의 현존 안에서 편히 쉰다. 그런 의미에서 향심기도는 '쉬는' 기도다. 향심기도를 할 때 수행자는 히브리서 저자가 말하는 '안식'에 들어간다. 마침내 "수고하며 무거운 짐을 진 사람은 모두 내게로 오너라. 내가 너희를 쉬게 하겠다"(마 11:28)는 예수님의 말씀을 현실로 경험한다.

골방 기도   사귐이든 교제든 관계가 이뤄지려면 만남의 장소가 필요하다. 장소 없이 사랑은 실현되지 않는다. 하나님과의 사랑(교제, 사귐)도 마찬가지다. 이 사랑에도 장소가 필요하다.

어디가 좋은 만남의 장소일까?

많은 사람이 하나님을 만나려고 성지를 순례한다. 심산유곡을 헤매고 사막으로 들어간다. 켈트 영성은 하늘과 땅이 맞닿은 얇은 곳(thin places)을 찾는다. 미국 애리조나 주의 세도나는 지구에서 영빨(!)이 제일 센 곳이라고 한다. 하지만 사람들이 모르는 최고의 장소가 있다. 예수님은 그곳을 알고 계셨다. 바로 골방이다! 골방이야말로 하나님을 만나 사랑의 교제를 할 수 있는 최적의 장소다. 그래서 말씀하시지 않았는가. "너는 기도할 때에, 골방에 들어가 문을 닫고서, 숨어서 계시는 네 아버지께 기도하여라."(마 6:6)

골방은 내면의 중심을 상징한다. 그 중심에 하나님이 계시며(현존), 거기서 하나님이 일하신다(활동). 그래서 기도자는 언제나 중심을 향해야 한다. 다시 말해 '향심'해야 한다.

하지만 사람들은 골방을, 마음의 중심을 향하지 않는다. 바깥에서만, 신성하다고 알려진 장소에서만 하나님을 찾으려 한다. 그런 장소를 떠나면 하나님과의 사귐이 금세 식는다. 하지만 골방에서 하나님과 교제하는 사람은 모든 곳에서 하나님을 만난다. 다윗이 그런 사람이었다. 그는 하나님의 보편적 현존을 이렇게 고백한다.

"내가 하늘로 올라가더라도 주님께서는 거기에 계시고, 스올에다 자리를 펴더라도 주님은 거기에도 계십니다. 내가 저 동녘 너머로 날아가거나, 바다 끝 서쪽으로 가서 거기에 머무를지라도, 거기에서도 주님의 손이 나를 인도하여 주시고, 주님의 오른손이 나를 힘있게 붙들어 주십니다."(시 139:8~10)

골방에서 하나님을 만난 사람은 다윗과 함께, 다윗처럼 모든 곳에서 하나님의 현존을 감지한다.

향심기도에서 가장 중요한 것은 골방을 자각하는 것이다. 골방은 깊은 곳이다. 영혼의 심연이며 존재의 심층이다. 골방은 오감을 비롯한 기억, 상상, 이성, 의지를 넘어서는 영적 장소다. 요즘 유행하는 마이어-브릭스 유형지표(MBTI)는 이 차원에 이르지 못한다. 골방은 참자아의 내실이기 때문이다. 또 골방은 생활 현실과 심리 현실 너머에 있는 영성 현실에 대한 메타포이기도 하다. 하지만 안타깝게도 많은 사람이 골방에 대해 무지하다. 설사 안다 해도 그곳에 머물려고 하지 않는다. 당최 향심하려고 하지 않는 것이다.

내적 현존과 활동   이런 사정을 빗댄 재미있는 우화가 있다.

　　　　　　　　　세상을 창조하시고 난 다음, 하나님은 처음 얼마 동안 사람들과 함께 사셨다. 하지만 결국 지치고 말았다. 이른 아침부터 사람들이 몰려와 하소연을 늘어놓았기 때문이다. 어떤 사람은 자식이 없다고, 어떤 사람은 자식이 속을 썩인다고, 어떤 사람은 부모가 사랑을 반대한다고, 어떤 사람은 이혼하겠다고 하소연했다. 낮에 하나님을 만나지 못한 사람들은 한밤중에도 울부짖었다. 견디지 못한 하나님은 비서에게 물었다.

"어떻게 하면 좋겠는가? 사람들이 오만 가지 문제를 들고 찾아와 나를 내버려 두지 않는다. 나는 그들에게 삶의 문제들을 해결할 지성과 능력을 주었다. 그런데도 그들은 모든 책임을 나에게 돌리면서 문제를 해결해 달라고 조른다. 나는 쉴 수가 없다."

그러자 비서는 하나님의 귀에 대고 속삭였다.

"사람들이 도저히 찾아오지 못할 장소가 한 곳 있습니다. 그리로 숨으십시오."

귀가 번쩍 뜨인 하나님이 어디냐고 묻자 비서는 대답했다.

"사람들의 내면으로 숨으시면 됩니다. 그들은 당신을 찾아서 온 세상을 다 뒤지겠지만, 내면으로는 결코 들어가지 않을 테니까요. 그곳에서 당신은 편히 쉴 수 있습니다."

'향심(向心)'은 관상기도의 한 방법에 그치지 않는다. 그것은 하나님을 찾는 사람, 하나님과 친밀한 관계를 맺으려는 사람에게 가장 필요한 마음가짐이다. 향심해야 골방에 은밀하게 숨어 계시는 하나님과 사귀는 기도를 할 수 있기 때문이다. 향심의 중요성을 성 아우구스티누스는 경험적으로 알고 있었다.

> "나는 밖에서 당신을 찾았으나 내 마음 안의 하나님을 만나지 못하였사오니 바다의 심연 속에 빠진 것이었습니다. … 내 자신 안으로 돌아오라는 타이르심에 당신의 이끄심 따라 나의 가장 안으로 들어왔삽고, (안으로) 들어오고 나서 나는 상주불변의 빛을 보았습니다."

하나님은 지금도 우리에게 안으로 들어오라고 타이르신다. 골방에서 사랑을 나누자고 유혹하신다. 그곳에서 맺는 사귐과 친교, 친밀한 합일로 초대하신다.

그렇다. 하나님은 우리 안에 현존하시며, 그곳에서 활동하신다. 사람이 하나님의 형상으로 창조됐다는 것은 하나님의 내적 현존과 활동에 대한 인간학적 표현이다. 사도 바울은 "그리스도의 형상"(갈 4:19)이 우리 안에 있다고 할 뿐만 아니라 성령의 내적 현존을 강조하기도 한다. "하나님의 성령이 여러분 안에 거하신다는 것을 알지 못합니까?"(고전 3:16) 성부 성자 성령 삼위일체 하나님의 내적 현존과 활동은 향심기도의 기본 전제다.

●●● 실천을 위한 권고

　이번에는 골방에 들어가는 수련이다. 하나님은 우리를 날마다 골방으로 초대하신다. 존재의 심층에서, 영혼의 심연에서 사랑을 나누자고 부르신다. 친밀한 합일로 초대하신다. 이런 사실을 묵상하며 매일 다음과 같이 수련한다.

① 자세를 바르게 한다. 자세를 바르게 하는 것만으로도 내면이 고요해진다.

② 눈을 감는다. 어둠이 내면에 펼쳐진다. 그 어둠은 하나님의 절대 신비를 상징한다. 눈을 감을 때 외부세계로 향했던 주의, 시선, 에너지 흐름이 내면을 향하기 시작한다.

③ 숨을 고르면서 평소보다 조금 천천히 그리고 깊게 숨을 들이쉬고 내쉰다. 숨의 특징과 하나님의 속성은 동일하다. 숨에 주의를 기울이는 것은 골방에 들어가는 가장 효과적인 방법이다. 10번 정도 한다.

④ 하나님의 현존에 고요히 머무르고, 하나님의 활동에 모든 것을 맡긴다.

⑤ 기도 중에 분심을 알아차리면 천천히 호흡에 주의를 기울이며, 두세 차례 숨을 들이쉬고 내쉰다.

향심기도
어떻게 하나? (1)

　우리는 습관적으로 하나님을 저 바깥, 저 멀리, 저 높은 곳에 존재하는 초월적 절대자로 생각한다. 기도는 하나님께 하는 것이기에, 하나님을 어떻게 생각하느냐는 기도 형태에 영향을 미친다. 하나님을 바깥, 멀리, 높은 곳에 있는 초월적 존재로 생각하면 기도는 바깥, 멀리, 높은 곳을 향하기 마련이다. 두 팔을 높이 쳐들고 위를 향해 큰소리로 부르짖는 기도 풍경은 우리에게 익숙하다.

　하지만 하나님 인식이 바뀌면 기도 형태도 달라진다. 앞에서 말한 것처럼, 하나님이 내면에 현존하신다고 생각하면 기도는 침묵 속에서 하나님의 신성한 현존에 머무는 형태를 띤다. 하나님은 기도자와 분리된 '대상적' 존재가 아니라 기도자와 이미 하나인 '비대상적(상태적)' 현존이기 때문이다.

　당연히 자세도 달라진다. 몸을 바르게 하고 허리를 곧게 편 채 내면을 향한다. 이때 두 손은 찻잔을 받칠 수 있을 만큼 펴서 다리 위에 놓는다. 이런 손 모양은 집착을 비우고 하나님의 선물(은총)을 있는 그대로 받아들임을 상징한다.

오프닝 투 갓 향심기도 전에 유념해야 할 것이 또 있다. 수영 전에 준비 운동을 하듯, 향심기도 전에도 준비 과정을 거쳐야 한다. 물속의 현실이 공기를 호흡하는 일상과 다른 것처럼, 향심기도로 접하는 현실도 일상에서 경험하는 현실과 다르기 때문이다. 그 현실은 욕망이 범람하는 세속의 일상이 아니라, 하나님의 현존과 활동이 창조하는 신성한 현실이다.

그러면 어떤 준비를 해야 할까?

바깥을 향했던 '시선'을 내면으로 거둬들여야 한다. 일상과 세속에 분산됐던 '주의'를 안으로 끌어들여야 한다. 외부 세계를 향해 흐르던 '에너지' 흐름을 내면으로 바꿔줘야 한다. 이때 바깥, 세속, 외부의 거센 영향 때문에 망각되고 생기를 빼앗겼던 영혼은 꽃봉오리 열리듯 하나님을 향해 열리기 시작한다. 앞글에서 제시한 '골방에 들어가는 수련'은 향심기도를 위한 좋은 준비 과정이다.

첫째, 자세를 바르게 한다[몸].
둘째, 눈을 감는다[어둠].
셋째, 숨을 고른다[숨].
넷째, 침묵 속에 머문다[침묵].

나는 이 네 과정을 하나님의 현존과 활동에 머물기 위한 의례로 여기면서 기도할 때마다 정성껏 수행한다. '관상적 리추얼'이라고 할까. '관상적'이라 함은 하나님을 향한다는 뜻이고, '리추얼'이라 함은 말 그대로 예의를 갖춘다는 뜻이다.

관상적 리추얼은 내 마음 전부와 존재 전체와 삶 자체를 '하나님께 여는(opening to God)' 행위다. 몸, 어둠, 숨, 침묵을 주시하는 동안 나는 하나님을 향해 열리고 하나님과 연결된다. 하나님과 연결되면서 끊어졌던 영적 생명력이 다시 흐른다. 몸, 어둠, 숨, 침묵은 끊어졌던 하나님과의 관계를 다시 연결하는 일종의 '영적 전도체'라 할 수 있다.

관상적 리추얼 첫째, 몸의 자세를 바르게 한다. 이것만으로도 마음이 정돈되기 시작한다. 이러한 심리적 효과만 있는 게 아니라 내 몸이 "하나님의 성전"(고전 3:16)이며 하나님의 성령이 내 안에 거하심을 확인하면서 성령을 의식한다. 그리고 하나님이 몸으로 세상에 오셨음을 기억한다. 내 몸도 예수님처럼 기독론적(성육신적) 잠재성을 지녔음을 묵상한다.

둘째, 눈을 감는다. 외부 세계를 향했던 시선이 내면을 향하면서 어둠이 펼쳐진다. 어둠을 주시하면서 하나님을 의식한다. 시편 시인에 따르면 하나님은 "구름과 흑암"에 둘러싸인 분이시다(시 97:2). 하나님을 둘러싼 어둠은 일몰 후의 어둠이 아니다. 육안으로 감지할 수 없는 신성한 빛을 대할 때 나타나는 현상이다. 시인의 표현대로 하나님은 "빛을 옷처럼 걸치시는 분"(시 104:2)이시다. 그런데 하나님의 신성한 빛이 육신의 눈에는 어둠일 뿐이다. '찬란한 어둠'이라고 할 수 있다. 하여 눈을 감을 때 펼쳐지는 내면의 어둠을 주시하는 동안 내 영혼은 하나님을 향해 열리기 시작한다.

셋째, 숨을 고른다. 숨을 주시하는 것은 바깥, 세속, 외부로 향했던 시선, 주의, 에너지를 내면으로 흐르게 하는 최선의 방법이다. 하나님은 흙으로 사람을 지으시고 그 코에 숨(생기)을 불어 넣으셨다. 부활하신 예수님은 제자들에게 숨을 불어넣으시며 "성령을 받아라"(요 20:22)라고 하셨다. 나아가 숨의 특징은 하나님의 속성과 동일하다. 따라서 들숨과 날숨을 주시할 때 내 영혼은 하나님을 향해 열리기 시작한다.

넷째, 침묵에 머문다. 기독교 영성에서 침묵의 중요성은 아무리 강조해도 지나치지 않다. 하나님은 침묵의 방식으로 현존하신다. 침묵 안에서, 침묵과 함께, 침묵을 통하여, 침묵처럼, 침묵으로 현존하신다. 몸을 바르게 하고 눈 감고 어둠을 주시하며 천천히 숨을 고르다 보면, 침묵이 나를 둘러싸고 있음을 깨닫는다. 내면에도 침묵이 깃든다. 아니, 이미 내면 깊은 곳에 침묵이 현존하고 있음을 알아차린다. 침묵만큼 하나님과 하나 되게 하는 영적 전도체는 없다. 따라서 침묵 속에 고요히 머무를 때처럼 하나님과 연결되고 하나님을 향해 열리는 때도 없다.

향심기도 하는 법   관상적 리추얼을 5분 정도 하면 향심기도를 통해 새로운 영적 현실로 진입할 준비가 된 것이다. 관상적 리추얼을 통해 침묵 속에 고요하게 머물면서 하나님을 향해 마음을 열고 하나님의 내적 현존과 활동을 지향하는 것이 향심기도다.

향심기도는 다음 네 단계로 이뤄진다.

지침① 거룩한 단어를 선택한다.
지침② 거룩한 단어를 떠올린다.
지침③ 거룩한 단어로 돌아간다.
지침④ 침묵 속에 잠시 머문다.

지침에서 되풀이되는 것은 '거룩한 단어(sacred word)'다. 거룩한 단어의 예로는 하나님·아버지·예수님·주님·성령님처럼 기도할 때 사용했던 하나님에 대한 호칭도 좋고, 믿음·희망·사랑·겸손·온유·자비·긍휼·기쁨·평화 같은 성서적 용어들도 좋다. 침묵·고요·비움·무념·무심·무아 같은 영성적 용어도 추천한다. 거룩한 단어는 기도할 때마다 새로 선택하지 않아도 된다.

향심기도의 지침은 넷이지만 첫 번째 지침은 반복할 필요가 없고, 네 번째 지침은 기도 후 일상 적응을 위해 필요한 지침이므로 크게 신경 쓰지 않아도 된다. (그렇다고 중요하지 않다는 뜻은 아니다. 기도를 끝내고 일상으로 돌아가기 전에 침묵 속에 1~2분간 머무는 시간은 꼭 필요하다.) 결국 향심기도는 주로 둘째 지침과 셋째 지침으로 이루어진다. 거룩한 단어를 부드럽게 '떠올리며' 기도를 시작하고, 생각에 사로잡힌 것을 알아차리면 다시 거룩한 단어로 부드럽게 '돌아간다.' 향심기도는 이처럼 단순하다. 너무 단순해서 어려워하긴 하지만….

향심기도는 '거룩한 단어'로 하는 기도이기에 거룩한 단어의 뜻을 이해해야 한다. 거룩한 단어의 뜻은 다음과 같다.

거룩한 단어란, 하나님이 내 안에 현존하시며 내 안에서 활동하신다는 것에 동의한다는 지향의 상징이다.

거룩한 단어란 하나님의 내적 현존과 활동에 대한 신앙 고백을 담은 단어다. 따라서 생각을 알아차렸을 때 거룩한 단어로 돌아간다는 것은 생각에 붙들려 있는 동안 망각했던 신앙 고백을 다시 되풀이한다는 뜻이다. 이때 나에게 새로운 현실이 펼쳐진다. 그 현실은 수많은 생각과 번뇌를 일으키는 욕망의 현실이 아니라 하나님의 현존과 활동이 창조하는 신성한 영적 현실이다. 따라서 거룩한 단어를 떠올리는 것은 몇 가지 의미를 함축한다.

첫째, 하나님의 내적 현존과 활동에 동의한다.
둘째, 하나님의 내적 현존과 활동을 믿음으로 고백한다.
셋째, 내 모든 것(생각, 느낌, 감정, 상황, 조건)을 하나님께 맡긴다.
넷째, 하나님의 현존 속에 머무르는 동안 일어나는 하나님의 모든 활동에 승복한다.

향심기도는 거룩한 단어를 떠올리며 기도를 시작하고, 생각을 알아차릴 때 거룩한 단어로 돌아가는 단순한 기도이지만, 그 과정이 일으키는 변형의 신비는 경이롭다. 하나님의 현존과 활동에 동의하고, 머무르고, 맡기고, 승복하는 일을 되풀이하는 동안 하나님의 형상으로 변형되기 때문이다. 이론적으로가 아니라 실제로!

●●● 실천을 위한 권고

향심기도의 지침에 대해서는 다음 장에서 더 자세히 설명하려고 한다. 우리는 골방에 들어가는 수련을 배웠고(관상적 리추얼), 향심기도의 기본 지침을 이해했다. 이제 수련이 남았다. 본격적으로 향심기도를 20분씩 하루에 두 번, 매일 수행한다.

① 기도 시간을 정한다. 12시간 간격이 좋다.

② 관상적 리추얼을 차례로 한다. 이것 자체도 좋은 기도다.

③ 의식 속에 거룩한 단어를 부드럽게 떠올리며 기도를 시작한다. 하나님의 현존에 고요히 머물면서 하나님의 활동에 모든 것을 맡긴다.

④ 생각에 빠져 있거나, 붙들렸거나, 사로잡힌 것을 알아차리면 '아주 부드럽게' 거룩한 단어로 돌아간다.

⑤ 기도가 끝나면 침묵 속에 1~2분간 머물렀다가 천천히 눈을 뜨며 일상으로 돌아온다.

백문이불여일견(百聞而不如一見)이요, 백견이불여일행(百見而不如一行)이니 지금 바로 시작하기를!

향심기도
어떻게 하나? (2)

이제 향심기도의 각 지침을 좀 더 자세히 설명해 보자.

지침 ❶

하나님이 내 안에 현존하시며, 내 안에서 활동하신다는 것에 동의한다는 지향의 상징(마음의 표시)으로 거룩한 단어를 선택한다.

첫째, 거룩한 단어를 선택할 때는 특별히 의미 있는 단어를 선택하려고 애쓰지 않는다. 오히려 많은 생각을 일으킬 수 있다. '하나님, 예수님, 주님, 아버지'처럼 평소 기도할 때 사용하는 신성한 호칭이 무난하다. 거룩한 단어를 선택할 때는 하나님의 현존과 활동에 승복한다는 마음(의향, 지향)을 담는 것이 중요하다.

둘째, 거룩한 단어를 선택할 때 현재 나에게 맞은 단어를 달라고 다음과 같이 기도한다.

"성령님, 향심기도를 수련하기 위해 이제 하나님의 내적 현존과 활동에 동의한다는 지향의 상징인 거룩한 단어를 선택하려고 합니다. 저에게 알맞은 단어를 주소서. 개인적인 소망이나 바람을 담은 단어가 아니라 하나님의 현존과 활동에 동의한다는 신심을 담은, 그리고 주님께 무조건 승복하겠다는 의향을 담은 기도어를 허락하소서. 예수님의 이름으로 기도합니다."

셋째, 거룩한 단어를 선택했으면 기도 중에 바꾸지 않는다. 그것이 또 다른 생각을 불러일으키기 때문이다. 거룩한 단어는 몇 개월에서 몇 년간 계속 사용할 수 있다. 나는 향심기도를 수련하면서 한 번 바꿨는데, 최초로 선택한 거룩한 단어의 의미를 기도 중에 분석하고 있음을 자각했을 때였다. 그때 바꾼 후로 지금까지 20년 넘게 사용하고 있다.

지침 ❷

눈을 감고 편안히 앉아 마음을 고요하게 한 다음, 하나님을 향한 지향을 품고 거룩한 단어를 부드럽게 떠올린다.

첫째, 향심기도를 수련할 때 거듭 강조하는 것은 '부드러움'이다. 호흡과 마음을 고요하게 한 다음 – 앞글에서 소개한 '관상적 리추얼'을 이때 하면 좋다 – 부드러운 솜 위에 깃털 하나를 얹듯 아주 부드럽게 거룩한 단어를 떠올린다. 이게 향심기도의 시작이다. '부드러움' 수행을 통해 우리는 예언자 에스겔이 말한 "살갗처럼 부드러운 마음"(겔 36:26)을 지니게 되며, 온유하고 겸손한 그리스도의 마음을 품게 된다(마 11:29). 기도하다가 부정적인 생각에 빠졌을 경우, 생각을 과격하게 떨쳐버리려는 것은 금물이다. 그럴수록 생각에 더욱 붙들리게 된다. 무슨 생각이든 있는 그대로 받아들이며 부드럽게 거룩한 단어로 돌아간다. 향심기도는 생각의 내용에 크게 신경 쓰지 않는다. 오히려 생각에 초연한 태도를 기르는 수련이다. 그렇기에 꾸준히 수련하면 자신과 삶을 긍정하는 태도가 형성된다. 이것은 향심기도 수련이 주는 놀라운 은총이다.

둘째, 침묵 속에서 조용히 기도하다 보면 졸 때가 있다. 그런 사실을 자각해도 괴로워할 필요는 없다. 기도자의 솔직한 모습일 뿐이며, 하나님은 그런 모습도 있는 그대로 받아들이신다. 그러므로 졸다가 깼을 때 기도 시간이 남았으면 마저 기도하고 끝낸다.

셋째, 향심기도는 식사 후 적어도 한 시간 정도 지난 후에 하는 것이 좋다. 식사 직후에 하면 기도 중에 호흡이나 신진대사 등이 느려져 소화작용에 지장을 초래할 수 있다. 적절한 시간은 식사하기 전으로 하루에 두 번, 아침 식사 전과 저녁 식사 전에 하는 것이 바람직하다. 또 잠자기 전에는 가능한 향심기도를 삼간다. 기도를 통해 의식이 맑아지고 내면 에너지가 활성화되어 수면을 방해할 수 있기 때문이다.

지침 ❸
기도 중에 생각을 알아차리면 부드럽게 거룩한 단어로 돌아간다.

첫째, 여기서의 '생각'은 감각적 지각, 감정, 영상, 기억, 통찰, 성찰, 해석, 비평, 영적 체험 등을 모두 포괄한다. 향심기도에서 생각은 매우 포괄적인 의미로 쓰인다. 감각 지각 - 몸의 한 부분이 가렵거나 쑤시는 것 같은 - 도 생각이며, 희로애락의 감정이나 영화처럼 지나가는 이미지도 생각이다. 심지어 황홀하고 신비한 영적 체험도 생각의 한 종류로 여긴다.

  둘째, 어떤 종류든 생각을 알아차리면 거룩한 단어로 돌아간다. 이때 생각들은 저절로 흘러가고 비워진다. 이런 뜻에서 향심기도는 '비움 수행'이라고 할 수 있다. 기도 중에 영감과 통찰이 떠오를 때가 있는데 이때 메모하고 싶은 충동을 느낀다. 하지만 이때도 거룩한 단어로 돌아가서 흘려버린다. 기도 중에 떠오른 영감이나 통찰이 진정으로 성령이 주신 것이라면 기도 후에도 기억날 것이라는 믿음을 갖는 것이 중요하다. 부정적인 생각을 다룰 때와 똑같이 취급한다. 메모하려는 욕구는 소유욕이며 집착이다. 향심기도는 하나님께 모든 것을 맡기고 승복하는 '순수한 믿음'의 기도다. 영적 경험도 다른 생각들을 다룰 때와 똑같이 취급한다. 기도 중에 환상을 보더라도 거룩한 단어로 돌아가 흘려버린다. 향심기도는 하나님과 관련한 신비 현상이 아니라 하나님 자체를 지향하는 기도인 까닭이다.

  거룩한 단어는 "하나님이 내 안에 현존하시며 활동하심에 동의한다"는 신앙 고백이며, 하나님의 활동에 승복하겠다는 다짐과 맡김이다. 따라서 기도 중 생각에 사로잡혔음을 알아차렸을 때 거룩한 단어로 돌아간다는 것은 신앙 고백을 반복하고, 승복과 맡김을 재다짐하는 것이다. 이때 생각과 생각 사이에 틈이 생겨 그 틈에서 하나님이 일(활동)하기 시작하신다. 생각으로 번잡하던 마음은 거룩한 영적 여백으로 변형된다. 이런 일이 되풀이되면 마음의 결이 바뀌며 존재가 변형되고 의식이 상승하며 삶의 분위기(기후)가 바뀐다.

셋째, 생각은 향심기도의 정상적인 현상이다. 향심기도에 입문한 사람들은 앵앵거리는 모기떼같은 오만가지 생각에 시달린다. 그래서 기도가 자기에게 맞지 않는다고 속단한다. 하지만 생각이 많은 것은 전혀 문제가 아니다. 살아 있는 존재에게 생각은 불가피하고, 필연적이며, 정상적인 현상이다. 향심기도의 목표는 무념무상의 경지가 아니다. 그저 생각을 알아차릴 때 거룩한 단어로 돌아가 하나님의 현존과 활동에 동의하는 태도를 기르는 것, 이것이 전부다.

향심기도의 선구자 중 한 명인 토머스 키팅과 관련한 재미있는 이야기가 있다. 한 입문자가 처음으로 향심기도를 하고 나서 말했다.

"향심기도는 저에게 맞지 않는 것 같습니다."

토머스 키팅이 왜 그러냐고 묻자 입문자가 대답했다.

"생각이 너무 많아서요."

그러자 토머스 키팅은 어린아이처럼 웃으며 이렇게 말했다.

"하나님께 돌아갈 기회가 그만큼 많았네요!"

이런 이야기를 들려주어도 많은 사람이 생각들 때문에 괴로워한다. 어떤 사람은 기도하는 내내 생각에 시달린다. 하지만 생각이 많다고 기도를 잘못하는 것이 아니다. 진짜 문제는 생각이 많은 것이 아니라 생각과 싸우는 것이다. 우리는 욕조의 물을 없애려고 물과 싸우지 않는다. 욕조 마개를 제거하면 물은 저절로 빠진다. 어떤 종류의 생각이든 생각에 붙들린 것을 알았을 때 거룩한 단어로 돌아가면 된다. 그러면 생각은 조용히 흘러간다. 생각의 많고 적음으로 기도를 평가해서는 안 된다. 생각이 많다 적다는 것은 심리적인 경험이자 주관적인 평가일 뿐이다. 그러니 다음의 격언을 꼭 기억하자.

"기도 전에 결과를 기대하지 말고, 기도 중에 내용을 분석하지 말고, 기도 후에 경험을 평가하지 말라."

향심기도는 모든 것을 있는 그대로 받아들이는 수행이다.

지침 ❹

기도가 끝나면 바로 눈을 뜨지 않고 침묵 속에 1~2분간 머문다.

첫째, 침묵 속에 머무는 1~2분은 정신이 외적 감각에 다시 적응하는 시간이다. 일상 활동을 계속하려면 향심기도 중에 내면을 향했던 주의가 외부 세계에 적응할 시간이 필요하다.

둘째, 기도가 끝나고 침묵 속에 잠시 머무르면 침묵의 분위기를 일상생활로 가져갈 수 있다. 침묵의 분위기는 삶에 질서와 조화, 균형과 깊이를 부여한다.

셋째, 향심기도를 여럿이 모여 할 수도 있다. 이 경우에는 기도가 끝났을 때 인도자가 주기도문을 천천히 암송하고 나머지 참여자는 경청한다. 주기도문 외에 기독교 영성 전통에 속한 다른 기도문을 암송해도 좋다.

●●● 실천을 위한 권고

이제 향심기도를 하루에 두 번, 20분씩 매일 수련한다.

① 조용한 장소를 찾는다. 십자가를 준비하고 초를 켜면 일상의 공간도 경건한 성소로 변한다.

② 관상적 리추얼을 차례로 한다. 자세를 바르게 하고, 눈을 감고, 호흡을 천천히 깊게 하면서, 침묵 속에 고요히 머문다.

③ 관상적 리추얼을 통해 준비가 되면 향심기도를 위한 기도를 드린다.
"내 안에 현존하시고, 내 안에서 활동하시는 하나님! 주님을 사랑합니다. 주님의 내적 현존과 활동에 동의하며 주님께 모든 것을 맡깁니다. 기도하다가 생각을 알아차릴 때 거룩한 단어로 돌아가 주님의 현존과 활동에 동의한다는 지향을 재확인하게 하소서. 주님께 모든 것 맡깁니다. 저를 사랑하시는 주님, 주님을 사랑하는 제가 여기 있나이다!"

④ 거룩한 단어를 조용히 떠올리며 기도를 시작한다. 하나님의 현존에 고요히 머물면서 하나님의 활동에 모든 것을 맡긴다.

⑤ 생각에 빠져 있거나, 붙들렸거나, 사로잡힌 것을 알아차리면 아주 부드럽게 거룩한 단어로 돌아간다.

⑥ 기도가 끝나면 침묵 속에 1~2분간 머물렀다가 천천히 눈을 뜨면서 일상으로 돌아온다.

생각
다스리기

　이제까지 우리는 향심기도를 지침에 따라 배웠다. 〈실천을 위한 권고〉대로 수련도 했다. 그런데 기도할수록 사람들이 힘들어하는 것이 기도 중에 쏟아지는 수많은 생각이다. 다시 한번 강조하지만, 생각은 정상적인 현상이다. 그렇기에 생각의 유무나 다과로 기도의 가치를 평가해서는 안 된다.

　상대적으로 생각을 적게 경험하면 기도가 잘 된 것 같아도 그것은 심리적인 경험이며 주관적인 판단일 뿐이다. 내가 하나님이라면 (외람되지만!) 생각이 많은 기도를 기특하게 여길 것 같다. 생각이 많다는 것은 그만큼 삶이 번거롭고 마음이 심란하다는 건데, 그런 상황에서도 기도한다고 침묵 속에 앉아 있으니 얼마나 대견한가.

강과 배　향심기도는 생각에 사로잡힌 것을 알아차릴 때 그것을 흘려버림으로써 '생각에 대해 초연한 태도를 기르는 기도'다. 따라서 생각과 싸우는 것처럼 어리석은 일은 없다. 싸우려 들수록 생각은 더욱 기승을 부릴 것이다. 생각에 사로잡힌 것을 알아차릴 때 거룩한 단어로 부드럽게 돌아가는 것이 최선이다. 그러면 생각은 저절로 흘러가 버린다.

향심기도 수행자들은 생각과 싸우지 않고 흘려버리는 과정을 강 위에 떠다니는 배에 비유한다. 강은 의식을, 배는 생각을 의미한다. 의식이라는 강에 생각이라는 배들이 쉴 새 없이 떠다닌다. 카약처럼 작은 배도 있고, 전함처럼 거대한 배도 있다. 바지선처럼 물에 반쯤 잠긴 배도 있다. 카약은 점심으로 뭘 먹지, 밀린 과제를 어떻게 마무리하지, 세금을 언제 내지 같은 사소한 생각들이다. 전함은 모욕이나 상처를 받았을 때처럼 주의를 강력하게 끌어당기는 감정이 실린 생각들이다. 바지선은 이따금 출몰하는 과거의 상처나 쓰라린 기억 같은 생각들이다. 이처럼 생각이라는 배는 다양한 형태로 의식이라는 강을 흘러간다.

이러한 생각들을 다스리려면 어떻게 해야 할까?

다양한 모양의 배들과 드잡이하는 것보다는 스쿠버다이버가 되어 강바닥에 고요히 앉아 지나가는 배들을 고요히 바라보는 것이 훨씬 좋다. 그런데 종종 유혹이 밀려온다. 특정한 배에 관심이 가고 흥미가 생긴다. 강바닥을 박차고 수면 위로 헤엄쳐 그 배에 오른다. 이때가 바로 생각에 사로잡히는 순간이다. 강바닥에서 초연하게 배들을 보던 수행자는 배와 함께 흘러가기 시작한다.

생각의 범주　생각의 범주를 알면 생각들을 좀 더 잘 다스릴 수 있다.

범주❶ 일상의 보통 생각

기도하려고 고요히 앉아 있으면 자동차 소리, 떠드는 소리, 시계 소리 등 평소에 신경도 안 썼던 소리가 귀에 거슬린다. 마음에서는 일상생활의 일과 관련한 생각들이 쉴 새 없이 쏟아진다. 이러한 생각들은 하나님의 현존과 활동을 향한 내적 지향을 흐트러뜨린다. 하나님의 현존감도 사라진다. 이런 생각에 사로잡힌 것을 알아차렸을 때, 거룩한 단어로 돌아가 하나님의 현존과 활동을 지향한다. 연인과 만났을 때 주변 소음이 아무리 커도 연인에게 초점을 맞추고 바라보는 것처럼.

범주❷ 감정이 실린 생각

기도가 조금 깊어지면 감정이 실린 생각들이 나타나기 시작한다. 이것은 첫째 범주의 생각들보다 다루기가 어렵다. 감정과 결부돼 있어서 주의를 훨씬 더 강하게 끌어당기기 때문이다. 억울한 일을 겪었거나 상처를 받았을 때 감정이 실린 생각에 많이 붙들린다. 이런 생각들은 강 위에 떠다니는 배들 중에서도 관심을 강하게 끌어당겨 바닥까지 샅샅이 뒤지고 싶은 배에 비유할 수 있다. 이런 생각을 알아차릴 때마다 부드럽게 거룩한 단어로 돌아가 하나님의 내적 현존과 활동에 동의한다는 원래의 지향을 재확인한다.

범주 ❸ 아이디어, 통찰, 영감, 영적 경험 등

기도가 깊어짐에 따라 통찰이나 영감처럼 멋진 생각들이 떠오르기도 한다. 설교를 위한 통찰이나 예술적 영감이 생기기도 하고, 꼬인 관계를 풀어줄 절묘한 아이디어가 떠오르기도 한다. 이런 긍정적인 생각들은 붙들고 싶기 때문에 부정적인 생각들보다 다스리기가 어렵다. 그러나 부정적이든 긍정적이든 생각을 다스리는 원리는 같다. 생각들을 알아차리면 거룩한 단어로 부드럽게 돌아가라! 메모는 금물이다. 메모는 일종의 집착이며 소유욕이다. 향심기도가 지향하는 하나님 자체(현존과 활동)에 비하면 '나의' 영감이나 통찰은 아무것도 아니다. 그것이 진정 성령께서 주신 것이라면 기도가 끝난 다음에도 기억날 것이다.

향심기도 중에 환상을 보는 것 같은 영적 체험을 할 때도 마찬가지다. 향심기도는 하나님의 현존과 활동 그 자체를 지향하는 기도지 하나님과 관련한 환상에 연연하는 기도가 아니다. 하나님이 살아 있는 존재라면, 환상은 사진에 불과하다. 우리는 사진과 사랑하지 않는다. 살아 있는 하나님을 사랑하려면 사진은 버려야 한다. 이때도 지침은 똑같다. "거룩한 단어로 돌아가라!"

범주 ❹ 성찰하는 생각

향심기도 수련이 깊어지면 침묵도, 내면의 평화도 함께 깊어진다. 신비가들이 찬란한 어둠이라고 일컬은 신성한 충만감에 휩싸이기도 한다. 이때 넷째 범주에 속하는 생각들이 나타난다. '아, 마침내 바라던 상태에 이르렀어! 근데 어떻게 이 상태에 이르렀지?' 경험에 대한 성찰이 시작되는 것이다. 하지만 경험을 성찰하는 순간 내적 침묵은 깨지고 깊은 평화에서 벗어난다. 성찰은 실재에 대한 사진에 불과하며, 일종의 소유요 집착이다.

주저하지 말고 거룩한 단어로 돌아가 성찰하는 생각을 흘려보낸다. 거룩한 단어는 심리적·주관적 경험에 대한 성찰을 넘어 존재의 심층에 현존하시는 삼위일체를 가리킨다. 달을 가리키는 손가락이다. 내면 깊은 곳에서 하나님은 사진처럼 정적으로 존재하시지 않고 역동적인 생명으로 현존하신다. 이렇게 살아계신 하나님의 현존과 활동에 접촉하는 것이 향심기도의 목적이다.

범주❺ 무의식에서 나오는 생각

향심기도를 일정 기간 집중적으로 수련할 때 무의식에서 나오는 생각들을 맞닥뜨린다. 향심기도는 기도자를 이완시키는 기도이기에 무의식에 저장돼 있던 정서적 찌꺼기들이 생각의 형태로 배설된다. 그것은 평생 살면서 억압하고, 회피하고, 부정한 것들이다. 예컨대 유아기에 겪은 정서적 상처는 몸이나 신경조직, 무의식 속에 긴장과 불안 또는 여러 방어기제 형태로 저장되어 있다. 이런 것들이 향심기도 중에 나타날 때 기도자는 혼란과 불안에 사로잡힌다. 이때도 기본 지침은 같다. 거룩한 단어로 돌아가 하나님의 내적 현존과 활동에 동의한다.

어느 날 한 길벗이 나를 찾아왔다. 향심기도를 누구보다 열심히 수련하던 30대 후반의 여성이었다. 석 달쯤 수련했을 때인데 더는 못 하겠다고 했다. 왜 그러냐고 물었더니, 얼마 동안 마음도 고요해지고 번잡한 생각들도 사라져서 좋았는데 언제부턴가 잊고 있던 과거의 상처들이 생각나서 기도하기가 겁난다고 했다. 그래서 나는 이렇게 말해 주었다.

"기도 제대로 하고 있네요!"

그녀는 무의식이 정화되는 경험을 하고 있었던 것이다.

무의식의 요소들을 대면하는 것이야말로 진정한 나를 찾고 치유의 은총을 경험하는 최선의 길이다. 무의식의 어둠이 비워지는 만큼 신성한 빛이 내면에서 환하게 빛난다. 그 역도 마찬가지다. 그래서 향심기도는 4R을 강조한다.

- **R**esist no thought. (생각에 저항하지 말라.)
- **R**etain no thought. (생각을 붙들지 말라.)
- **R**eact to no thought. (생각에 반응하지 말라.)
- **R**eturn ever so gently to the sacred word. (거룩한 단어로 아주 부드럽게 돌아가라.)

4R은 생각을 다스리는 데 꼭 필요한 향심기도의 선물이요 지혜다. 이 지침을 잘 새기면 생각을 훨씬 잘 다스릴 수 있다. 그뿐 아니라 오만가지 생각이 기도를 방해하는 성가신 존재가 아니라 "하나님께 돌아갈 수 있는 수만 번의 기회"(토머스 키팅)임을 마침내 깨닫는다. 생각은 기도어였던 것이다.

● ● ● **실천을 위한 권고**

하루에 두 번 20분씩 수련하는 향심기도가 습관으로 자리 잡으려면 최소한 40일 정도 수련해야 한다.

① 조용한 장소를 찾는다. 십자가를 준비하고 초를 켜면 일상의 공간도 경건한 성소로 변한다.

② 관상적 리추얼을 차례로 한다. 자세를 바르게 하고, 눈을 감고, 호흡을 천천히 깊게 하면서 침묵 속에 고요히 머문다.

③ 준비가 되면 향심기도를 위한 기도를 드린다.

"내 안에 현존하시고, 내 안에서 활동하시는 하나님! 주님을 사랑합니다. 주님의 내적 현존과 활동에 동의하며 주님께 모든 것을 맡깁니다. 기도하다가 생각을 알아차릴 때 거룩한 단어로 돌아가 주님의 내적 현존과 활동에 동의한다는 지향을 재확인하게 하소서. 저를 사랑하시는 주님, 주님을 사랑하는 제가 여기 있나이다!"

④ 거룩한 단어를 조용히 떠올리며 기도를 시작한다. 하나님의 현존에 고요히 머무르며 하나님의 활동에 모든 것을 맡긴다.

⑤ 생각에 붙들린 것을 알아차리면 아주 부드럽게 거룩한 단어로 돌아간다.

⑥ 기도가 끝나면 침묵 속에 1~2분간 머물렀다가 일상으로 돌아온다.

⑦ 향심기도를 함께 공부하고 수련할 수 있는 지원 그룹을 찾는다. (한국살렘영성훈련원 추천)

PART 5. 현존기도

날마다 현존기도 수련을 통해

하나님의 현존에

고요히 머물러라.

그리고 그리스도께 승복하라.

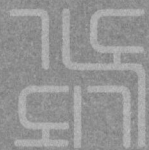

기도의 두 유형
_마르다 기도, 마리아 기도

숨이 끊어지면 죽듯이, 영혼의 숨인 기도가 멈추면 영이 죽는다. 하여, 어떤 기도든 시작하고 볼 일이다. 기도는 간구기도, 중보기도, 감사기도, 묵상기도 등 여러 가지다. 각각의 기도에는 나름의 색깔이 있다. 간구기도에는 원하는 것을 성취하려는 치열함이 있다. 중보기도에는 곤경에 처한 사람에 대한 간절함이 있다. 감사기도에는 응답에 대한 즐거움이 있다. 묵상기도에는 말씀에 대한 깨달음이 있다. 다 소중한 기도다. 하지만 이 기도들에는 한 가지가 부족하다.

'현존!'

물론 간구·중보·감사기도는 하나님께 하는 것이고, 묵상기도는 하나님 안에서 하는 것이므로 모두 하나님의 현존 속에서 이루어진다. 하지만 이 기도들의 목적은 현존 그 자체가 아니기에 현존 경험이 피상적이다. 반면 의도적으로 하나님의 현존에 머무르려는 관상기도는 다르다. 관상기도는 하나님의 현존에 기도자가 현존하는 것이 전부다. 이러한 '이중 현존' 속에서 기도자는 비워지고 정화된다. 정화되는 만큼 하나님을 위한 여백이 생긴다. 그 여백에 성령의 빛이 비친다. 이를 조명이라고 한다. 정화가 깊어지고 조명이 강해지는 만큼 하나님과의 일치도 깊어진다.

하나님의 현존에 머물면서(현존하면서) 정화되고, 성령의 조명을 받고, 하나님과 일치하는 과정에서 기도자는 새로워지고 변형된다. 생존·안전 욕구, 애정·존중 욕구, 힘·통제 욕구 같은 본능적 욕구에서 벗어나고, 그러한 욕구에 기반한 행복 프로그램 – 바울이 말하는 '구습(舊習)' – 에서 해방되기 때문이다. 그래서 하나님의 현존에 머물면서 정화되고, 성령의 조명을 받고, 하나님과 일치하는 이 과정을 '변형일치(transforming union)'라고도 한다.

분노인가 현존인가   현존, 하면 떠오르는 성경 인물이 있다. 마리아다. 언니 마르다가 예수님을 접대하는 일로 분주할 때, 동생 마리아는 "주님의 발 곁에 앉아서 말씀을 듣고 있었다."(눅 10:39) 마리아는 그리스도의 현존 안에 현존했다. 마르다는 화가 났다. 그래서 예수님께 따지듯 물었다. "주님, 내 동생이 나 혼자 일하게 두는 것을 아무렇지 않게 생각하십니까?"

마리아가 주님의 현존과 그 현존에 머무르는 이중 현존 속에 있다면, 마르다는 이중의 분노 속에 있다. 도와주지 않는 마리아를 향한 분노와 그런 마리아를 내버려두는 예수님에 대한 분노가 그것이다.

마르다의 '심리 현실'은 복잡하다. 예수님을 집에 모신 것에 대한 자부심도 있고, 잘 대접하여 기쁘게 해드리고 싶은 섬김의 열망도 있다. 그 바탕에는 인정받고 싶은 본능적 욕구도 깔려 있다. 그 욕구에 따라 행복 프로그램이 작동하는데, 욕구가 해결되지 않자 마르다는 실망과 함께 분노를 터뜨린다. 그뿐 아니다. 분노는 예수님을 움직여 마리아를 통제하려고 한다. 하지만 유감스럽게도 예수님은 마르다의 요구를 들어주시지 않았다. 요구를 들어주기는커녕 얄밉게도 마리아를 편들기까지 하신다. "마르다야, 마르다야, 너는 많은 일로 염려하며 들떠 있다. 그러나 주님의 일은 많지 않거나 하나뿐이다. 마리아는 좋은 몫을 택하였다."(눅 10:41~42)

예수께서 말씀하신 '좋은 몫'이란 무엇일까? 그게 바로 '현존'이다! 예수님은 마리아의 현존을 칭찬하신 것이다. 마르다가 분주함 속에서 들떠 있다면 마리아는 현존 속에서 평온하다. 마르다가 염려 속에서 분노한다면, 마리아는 평온 속에서 말씀을 경청한다. 깊은 경청을 통해 마리아는 말씀을 듣기만 한 것이 아니라 말씀이 되어간다.

두 유형 마르다와 마리아 자매 이야기를 기도에 적용할 수 있다. 간단히 말해 기도에는 '마르다 유형'과 '마리아 유형'이 있다. 마르다 유형의 기도가 '염려의 기도'라면, 마리아 유형의 기도는 '현존의 기도'다.

한국교회가 치열하게 하는 기도는 예외 없이 염려의 기도다. 무엇을 먹을까, 마실까, 입을까와 관련한 간구기도가 그렇고, 중보기도도 그렇다. 마리아 유형의 기도는 다르다. 그저 주님의 발치에 앉아 고요히 현존하면서(머무르면서) 말씀을 경청한다. 이 기도의 핵심은 '현존'과 '경청' 두 가지다. 이때 현존이란 참자아의 원형이며 완성이신 그리스도의 장 안에, 참자아에서 풍기는 신성의 향기 안에 고요히 머무르는 것이다. 그러한 이중 현존 속에서 그리스도와의 친밀한 사귐이 깊어진다.

이때 마리아는 귀로 들을 수 있는 것보다 훨씬 더 깊은 차원에서 듣는다. 이는 토머스 키팅이 말한 "영적 기능들(기억, 상상, 이성, 의지 등)이 그리스도 안에 있는 신성한 생명과 공명할 때 이뤄지는" 경청이며, "말해지는 것보다는 존재의 깊은 차원에서 하나님의 현존이 선사하는 체험에 주의를 기울이는" 경청이다.(토머스 키팅, 『좋은 몫』) 이때 듣는 이는 문장과 소리로 이뤄진 말이 아니라 영원한 하나님의 말씀(즉 그리스도)을 받아들이고 그것에 동화된다. 이것이 진정한 그리스도인으로 만든다. 동시에 우리는 참자아 상태에서 성령과 함께 기도한다. 어찌 보면 현존과 경청은 동전의 양면이나 마찬가지다. 현존이 없다면 깊은 경청이 불가능하며, 경청이 없다면 현존은 텅 빈 정적(靜寂)에 불과한 까닭이다.

현존과 쉼 그리스도의 현존에 현존하고(머무르고), 그분의 말씀을 경청할 때 우리는 변형일치의 과정에 들어간다.

첫째, 정화가 시작되며, 정화가 진행되는 만큼 하나님을 위한 여백이 생긴다. 둘째, 그 여백에 신성의 빛이 비친다(조명). "조명 상태에서는 추론 이성이 물러가고, 그 자리에 직관과 예수님의 신성한 현존이 들어선다." 셋째, 신성의 조명이 강렬해질수록 예수 그리스도와의 일치가 깊어지며, 그리스도를 통해 하나님과의 일치가 깊어진다.

이 신성한 일치 속에서 우리는 새로워진다. 진정한 '나'가 된다. 그뿐 아니라 내주하시는 성령이 숨을 쉬면서 새로운 기도가 시작된다. 참자아 차원에서 이뤄지는 성령의 기도다. 바울은 이러한 기도의 경지를 알고 있었다. "우리는 어떻게 기도해야 할지도 알지 못하지만, 성령께서 친히 이루 다 말할 수 없는 탄식으로, 우리를 대신하여 간구하여 주십니다."(롬 8:26)

이뿐 아니다. 경이롭게도 기도가 변한다. 필요한 것을 달라는 간구기도에서 하나님의 뜻이 이뤄지기를 바라는 기도로 바뀐다. 중보기도는 예수님의 중보기도를 닮아간다. "아버지, 아버지께서 내 안에 계시고, 내가 아버지 않에 있는 것과 같이, 그들도 하나가 되어서 우리 안에 있게 하여 주십시오."(요 17:21) 감사기도는 기도 응답에 대한 감사에서 조건을 초월한 감사로 바뀐다. "무화과나무에 과일이 없고 포도나무에 열매가 없을지라도, 우리에 양이 없고 외양간에 소가 없을지라도, 나는 주님 안에서 즐거워하련다."(합 3:17~18) 묵상은 이성의 추리 과정을 벗어나 직관 차원에서 더욱 깊어진다.

기도가 변하면 생각하지 못한 은총이 임한다. 마침내 생의 염려와 근심에서 벗어난다. 주님의 말씀이 내면에 울려 퍼진다. "너희는 마음에 근심하지 말고, 두려워하지도 말아라."(요 14:27) 참된 평화가 영혼의 심연에 깃든다. 이것이 바로 그리스도께서 주시는 평화다. 이 평화는 "세상이 주는 것과 같지 않다."(요 14:27) 우리의 영혼은 비로소 쉼을 얻는다. 이 쉼은 휴가지가 제공하는 들뜬 쉼과 다르다. 그야말로 깊은 고요 속에서 누리는 그윽한 쉼이다. "수고하며 무거운 짐을 진 사람은 모두 내게로 오너라. 내가 너희를 쉬게 하겠다"(마 11:28)는 말씀을 실제로 경험하기 시작한다.

여기서 그치지 않는다. 우리가 관계를 맺는 사람들이 우리 안에서 쉼을 얻는다. 현존과 경청을 통해 우리 내면에 하나님을 위한 여백뿐 아니라 타인이 현존할 수 있는 여백도 마련되기 때문이다. 마침내 그리스도인의 우정이 시작된다. 시토회 수사 성 베르나르도가 말한 그리스도인의 진정한 우정이! "우리가 사랑하는 사람들이 우리 마음속에서 쉬고 있듯이, 우리도 우리가 사랑하는 이들의 마음속에서 쉽시다."

그는 사랑을 쉼으로 이해한다. 사랑이란 서로의 마음속에서 쉬는 것이다. 사랑은 열정에서 시작하지만, 열정은 사랑의 이름으로 상대를 포획하려고 한다. 쉼은 사라지고 시달림이 시작된다. 서로를 쉬게 하는 사랑이 성숙한 사랑이다. 쉼 속에서 열정은 생기로 변형되어 사랑하는 두 사람을 서로 살린다.

겹 현존　　하지만 안타깝게도 한국교회에는 주님의 현존에 머무르
　　　　　　는 기도가 없다. 염려에서 나오는 기도를 수없이 쏟아내
면서도 당최 예수 그리스도의 신성한 현존에 머무르는 법이 없다.
그래서 하나님 경험이 빈곤하다. 현존기도가 필요한 이유다.

　현존을 영어로 '프레즌스(presence)'라고 한다. 형용사형은 '프레즌
트(present)'인데 '현재'라는 의미와 '출석'이라는 의미를 담고 있다.
따라서 프레즌스 곧 현존은 하나님이 현재 여기에 출석하고 계심을
의미한다. 하나님은 내 삶에 출석하신다. 결석하는 법이 없으시다.
개근상으로 치면 하나님만큼 받을 자격이 빼어난 존재가 없을 것이
다. 하나님은 평생 우리의 삶에 출석하시니 말이다. 평생뿐일까? 인
류 역사는 물론, 그 이전에도 이후에도 하나님은 늘 출석하신다. 즉
현존하신다.

　문제는 우리다. 하나님은 늘 우리에게 출석하시지만, 우리는 하나
님께 결석한다. 그러면서 하나님이 안 계신다고 한다. 하나님을 찾
겠다고 천지사방으로 헤매며 돌아다닌다. 지금 여기에 출석하고 계
시는데도 그런다. 아우구스티누스는 이런 사정을 잘 알고 있었다.

> "하나님은 우리 가까이 계시지만, 우리는 그분에게서 멀리 떨어져
> 있습니다. 하나님은 우리 안에 계시지만, 우리는 하나님 바깥에 있
> 습니다. 하나님은 집에 계시지만 우리는 외출 중입니다."

　하나님의 현존을 알아차리고, 그 현존에 들어가는 기도(현존기도)
를 통해 우리는 나에게 현존하시는 하나님 안에 현존한다. 이때의

현존은 두 차원이다. 하나는 우리를 향한 하나님의 현존이며, 다른 하나는 하나님을 향한 나(기도자)의 현존이다. 하나님의 현존에 내가 머물며 현존한다. 이러한 '겹 현존(이중 현존)' 속에서 하나님과 나는 하나가 된다. 바다 위에 떨어지는 빗방울처럼….

이러한 겹 현존 상태에 있을 때 하나님은 더는 하나의 대상이 아니다. 무언가를 달라는 청원기도의 대상도, 남을 위한 중보기도의 대상도, 은혜에 대한 감사기도의 대상도, 깨달음을 위한 묵상기도의 대상도 아니다. 하나님은 비대상(no-thing)이다. '활짝 열려 있고 두루 퍼져 있는(open and diffuse)' 중심이다. 모든 곳이 중심이며, 그 어떤 곳에도 둘레가 없는 무변광대한 실재다. 이러한 비대상적 바탕 속에서 우리는 하나님을 '직접' 안다. '참여적으로' 만난다. 개념이 아니라 '현존'으로 맛본다. 비유하자면 하나님은 사진이 아니라 살아 있는 생명이다.

현존인지감수성 (1)

 십여 년쯤 전의 일이다. 한 교계 원로가 미자립교회 목회자들에게 점심을 대접하는 자리에 동석한 적이 있다. 모든 참석자가 맛있게 잘 먹었고, 고생한다며 자리를 만들어 준 원로에게 고마운 마음을 표했다. 식사가 끝나자 내 옆에 앉았던 목회자가 일어나더니 사람 수대로 자판기 커피를 뽑아왔다. 교회를 개척하고 그해 안수를 받은 여자 목사였다. 그때 원로의 입에서 듣기 거북한 말이 튀어나왔다. "역시 커피는 여자가 타주는 게 맛있어."
 원로에게 그 순간의 여자 후배는 목사도, 동역자도, 고생하는 미자립교회 사역자도 아닌 커피를 타주는 서비스업 종사자였다. 원로의 성인지감수성은 꽝이었다.
 어색한 표정을 짓는 후배의 얼굴에는 불쾌한 기색이 역력했다. 모임 후 원로와 따로 대화하는 자리에서 나는 조심스럽게 말을 꺼냈다. 요즘 그런 식으로 말하면 큰일 난다고. 다행히 원로는 내 말을 건방진 충고로 받아들이지 않았다. 말해줘서 고맙다고 했다.

존재와 현존   성인지감수성이 사람들의 의식 수준을 알아보는 주요 지표라면, 신앙인의 의식 수준을 알아보는 주요 지표는 무엇일까? 하나님께 대한 헌신, 인격의 성숙, 타자를 향한 섬김 등의 차원에서 다양하게 측정할 수 있겠지만, 가장 중요한 것은 '현존인지감수성(presence sensitivity)'이다. 현존인지감수성이란 '일상생활 속에서 하나님의 현존을 감지하고 알아차리는 영적 민감성'을 뜻한다.

그러면 한국교회의 현존인지감수성은 어느 정도일까?

언젠가 기도세미나에서 '현존기도'를 소개한 적이 있었다. 설명을 마치고 실습하려는데, 한 참여자가 현존이라는 말이 낯설다면서 설명해 달라는 요청을 했다. 놀라웠다. 그 사람은 목사였다. 물론 그이는 '현존'의 사전적 의미를 모르진 않았을 것이다. 가슴에 와닿지 않았을 뿐. 이것이 한국교회의 현주소라는 생각이 들었다.

나는 현존의 의미를 설명할 때마다 교실을 예로 든다. 수업이 끝나고 쉬는 시간이 되면 조용했던 교실은 떠들썩해진다. 개구쟁이들은 교실을 난장판으로 만든다. 선생님이 교실에 현존하지 않기 때문이다. 물론 교실에 현존하지 않는다고 선생님이 사라진 것은 아니다. 교무실이든 운동장이든 어디엔가 선생님은 존재한다. 하지만 바깥에 존재해도 교실 안에 현존하지 않으면 교실은 엉망진창이 된다. 하지만 수업 시작종이 울리고 선생님이 교실에 들어오면(현존하면), 언제 그랬냐는 듯이 교실은 조용해진다.

삶도 마찬가지다. 하나님이 현존하시지 않는 삶은 선생님이 현존하지 않는 교실과 같다. 무질서해지고 혼란스러워진다. 반대로 하나님이 현존하시는 삶은 선생님이 있는 교실처럼 질서가 잡힌다. 사실 하나님의 객관적 존재를 믿는 것은 삶에 거의 영향을 미치지 않는다. 하나님이 신자의 마음과 일상에 현존하시지 않는 한, 신앙인의 삶은 비신앙인과 크게 다를 게 없다.

신앙의 위기는 현존인지감수성이 무뎌질 때 찾아온다. 근본주의자들의 숨 막히는 교리주의, 상상력이 결여된 원칙주의자들의 율법주의, 도덕주의자들의 오만한 금욕주의는 현존인지감수성이 마비될 때 독버섯처럼 피어나는 영혼의 질병이다. 내면이 공허하고 영성이 빈곤한 사람들이 겉치레에 집착하듯, 현존인지감수성이 무뎌져 신성과 접촉하지 못하는 사람들이 전통과 율법, 도덕과 형식에 집착한다. 현존인지감수성의 상실은 영혼을 황폐하게 하는 최악의 요인이다.

반대로 현존인지감수성이 깨어나면 영혼에 생기가 돈다. 사랑과 공감, 포용과 용납의 꽃이 만발한다. 따라서 한국교회의 회복은 현존인지감수성의 회복에 달려 있다. 종교를 라틴어로 '렐리지오(religio)'라고 하는데, 이 말은 '다시(re) 연결한다(ligare)'는 뜻이다. 현존인지감수성이야말로 전통과 율법, 의례를 낳은 신성에 대한 원초적 경험과 '다시-연결'해 준다. 현존인지감수성이 깨어날 때 우리는 하나님과 다시 연결되고, 하나님에 대한 원초적 경외감을 회복한다. 18세기 유대교에서 일어난 '하시디즘(Hasidism)' 운동이 그랬다.

하시디즘   하시디즘은 18세기 동부유럽에서 시작된 유대교의 개혁운동이었다. '하시드'는 경건한 사람을 뜻한다. 참된 경건과 살아 있는 영성을 회복하려고 한 하시디즘의 창시자는 바알 셈 토브로 알려져 있다.

유대교 전통에 따르면, 하나님은 예루살렘 성전의 지성소에 계신다. 때문에 예루살렘 성전이 파괴되었을 때 유대인들이 경험한 영적 상실감은 상상을 초월했다. 지성소를 통한 하나님 현존 경험이 완전히 차단됐기 때문이다. 지성소 경험이 차단된 유대교는 율법종교로 경직되기 시작했고, 바리사이적 금욕주의자들의 가르침은 유대인들의 영혼을 옥죄었다. 그때 나타난 사람이 바알 셈 토브였다.

바알 셈은 건물로 지어진 성전이 아니라 "한 인간이 거룩하신 분의 거처가 될 수 있다!"고 외쳤다. 사람들이 하나님을 숨어 계시는 존재라고 생각했다면, 바알 셈은 이런 생각을 거부했다. 숨어 계신 것처럼 보여도 하나님은 "자기 자녀들과 숨바꼭질하면서 발각되기를 바라신다." 문제는 우리다. 우리는 그를 찾는 일을 잊어버렸다. 모든 곳, 모든 것에서 하나님을 감지하는 현존인지감수성이 마비됐기 때문이다.

하나님이 안 계신다는 생각이야말로 환상이다. 우리의 감각은 하나님의 부재를 믿으라고 속삭인다. 하지만 그것은 진실이 아니다. 하나님은 어디에나 계신다. "눈에 보이는 사물을 통하여 하나님은 당신 자신을 우리가 이해할 수 있는 눈높이로 끌어내리신다." 하나님이 사물의 위치로 낮아짐으로써 사물은 위대해진다. 하여 바알 셈은 탄식한다. "땅 위에 있는 사물들의 위대함을 깨닫지 못하는 사람들은 얼마나 수치스러운가! 그들은 삶이 아주 하찮은 것이라는 듯 행동한다. 모든 하찮은 것들이 신성으로 가득 차 있음을 모르고…."

대개의 종교는 말한다. 신성(神性)에 이르려면 먼저 속성(俗性)을 버리라고, 성스러움과 저속함은 서로에게 배타적이라고, 영혼의 세계는 영원하고 지금 여기의 세계는 덧없다고!

하지만 바알 셈은 묻는다. "그분이 창조한 세계를 찬양하지 않으면서 어떻게 거룩하며 숨어 계신 그분을 사랑할 수 있겠는가?" 바알 셈에게 하나님을 공경한다면서 그분이 만든 것들을 업신여기는 것은 무례한 일이다. 그는 또 의인과 악인의 차이를 이렇게 말한다. "악인이 물질의 덫에 걸려 있는 사람이라면, 의인은 사물들 안에 내재한 신성의 신비에 매혹된 사람이다." 그에게는 천박한 욕망조차 창조자의 사랑에 다가갈 수 있는 통로였다. 그래서 그는 욕망이나 색정을 뿌리 뽑으려 하지 말고 변형시키라고 말하곤 했다.

초현실주의 화가로 잘 알려진 마르크 샤갈은 하시디즘의 영향을 크게 받았다. 만물이 하나님의 신성한 불꽃을 비춘다는 하시디즘의 영성에 심취한 샤갈은 사람과 동물과 사물을 대등하게 여겼다. 신성의 불꽃은 이 모두를 통해서 내재하기 때문이다. 샤갈의 대표작 〈나와 마을〉에 나오는 암소와 사람은 서로를 쳐다보고 있는데, 암소의 눈에는 사람의 눈동자가, 사람의 눈엔 암소의 눈동자가 들어 있다. 사람과 동물의 관계는 평등하다. 그리고 서로에게 침투한다. 이러한 평등성의 기초가 바로 모든 것 안에 현존하는 신성한 불꽃이다. 샤갈은 현존인지감수성을 예술적으로 형상화했다.

일상에서 　　신앙인이란 현존인지감수성을 통해 언제나 어디서나 하나님의 현존을 느끼며 하나님과 동행하는 사람이다. 5세기에 활동한 아일랜드의 수호성인 성 패트릭은 현존인지감수성이 풍부한 기도문을 남겼다. "나 오늘 일어납니다. 삼위일체 하나님의 권능과 기도에 힘입어"로 시작하는 기도는 7연에서 이렇게 고백한다.

"그리스도여, 당신은 나와 함께 하십니다.
내 앞에 계시며 내 뒤에도 계십니다.
내 안에도 계십니다.
내 아래에도 계시며 내 위에도 계십니다.
내 오른쪽과 왼쪽에도 계시며,
내가 누울 때나 앉을 때나 일어날 때도 나와 함께 계십니다."

성인은 앞과 뒤, 위와 아래 모든 방향에서 그리스도의 현존을 느낀다. 그러나 이게 끝이 아니다. 성인은 타인의 '가슴과 입, 눈과 귀'에서도 그리스도의 현존을 감지한다. 기독교 영성사에서 길이 빛날 현존인지감수성이 아닐 수 없다.

"그리스도여, 당신은
나를 생각하는 모든 이들의 가슴 속에도 계시며
나에 대해 말하는 모든 이들의 입 속에도 계시며
나를 바라보는 모든 이들의 눈 속에도 계시며
내 말을 듣는 모든 이들의 귓속에도 계십니다."

현존인지감수성이 빼어난 사람으로 윌리엄 블레이크를 빼놓을 수 없다. 그는 시 〈순수의 전조〉에서 민감한 현존인지감수성을 유감없이 보여준다.

한 알의 모래 속에서 세계를 보고
한 송이 들꽃 속에서 천국을 본다.
네 손바닥 안에 무한을 거머잡고
순간 속에서 영원을 붙잡는다.

블레이크는 보이지 않는 영원한 실재가 보이는 일상에 깃들어 있다는 성사적 감각, 즉 현존인지감수성을 빼어난 시적 언어로 묘사한다. 그는 모래와 들꽃이라는 미소한 존재 안에도 우주의 구조와 천상의 질서가 스며 있음을 본다. 그의 눈은 자연을 감상하는 눈이 아니라 신적 임재의 흔적을 포착하는 눈이다. 그는 공간과 시간의 경계도 무너뜨린다. 손바닥 안에서 무한을, 순간 속에서 영원을 감지하기 때문이다.

하지만 현존인지감수성은 성인이나 신학자나 시인처럼 특별한 능력을 지닌 사람에게서만 볼 수 있는 게 아니다. 다음의 '어느 그리스도인의 식사기도'도 현존인지감수성을 소박하게 보여준다.

"하나님,
일용할 양식을 주셔서 감사합니다.
이 음식에 사용된 재료를 생산한 사람들을 축복하소서.
유통한 상인들, 배달한 노동자들을 축복하소서.
가공, 판매, 조리 과정에 참여한 모든 이를 축복하소서.
이들의 배후에서 일하신 하나님,
음식이 되어 내 안에 들어오실 때마다
나의 살과 피가 되소서.
하여, 당신의 뜻 이루소서."

무명의 수행자는 밥 한술을 뜰 때마다 그 과정에 참여한 사람들을 위해 기도한다. 그는 이들의 배후에서 하나님이 일하셨음을 잊지 않는다. 하지만 수행자의 현존인지감수성은 여기서 끝나지 않는다. 그는 밥을 먹으면서 '하나님을 먹는다.'

오, 식사 때마다 하나님을 먹고 하나님이 살과 피가 됨을 상상하는 현존인지감수성이라니!

현존인지감수성 (2)

성경은 현존인지감수성이 민감한 사람들의 삶의 여정에 관한 기록이다. 그들은 일상 속에서 남들이 듣지 못하는 하나님의 음성을 듣고, 남들이 보지 못하는 하나님의 섭리를 보며, 남들이 느끼지 못하는 하나님의 현존을 느낀다.

누구보다 현존인지감수성이 뛰어난 사람은 다윗이다. 그는 땅에 있는 사물들에서 하나님의 현존을 보며 감탄한다. "여호와 우리 주여, 주의 이름이 온 땅에 어찌 그리 아름다운지요!"(시 8:1, 개역개정) 그의 현존인지감수성은 땅이 하나님을 찬양하는 소리를 듣는다. "온 땅이 주님께 경배하며, 주님을 찬양하며, 주님의 이름을 찬양합니다."(시 66:4) 하늘을 보면서도 하나님의 현존을 느낀다. "하늘은 하나님의 영광을 드러내고, 창공은 그의 솜씨를 알려준다."(시 19:1) 그는 모든 곳에서 하나님의 현존을 느꼈다.

"내가 하늘로 올라가더라도 주님께서는 거기에 계시고,
스올에다 자리를 펴더라도 주님은 거기에도 계십니다.
내가 저 동녘 너머로 날아가거나,
바다 끝 서쪽으로 가서 거기에 머무를지라도,
거기에서도 주님의 손이 나를 인도하여 주시고,
주님의 오른손이 나를 힘있게 붙들어 주십니다."(시 139:8~10)

다윗이 하나님의 현존을 발견하는 공간은 하늘과 땅과 바다다. 곧 모든 곳이다. 심지어 저승(스올)에서도 하나님의 현존을 감지한다. 다윗은 또 모태에서 지음 받을 때, 형질이 갖추어지기도 전부터 주님이 자기를 보고 계셨다고 한다(시 139:15~16). 그의 현존인지감수성은 모태에서 잉태되던 시간으로 확장한다.

사도 바울도 다윗 못지않게 현존인지감수성이 발달한 사람이었다. 그는 제2차 선교여행 중 아테네 아레오바고 법정에서 행한 설교에서 자신의 현존인지감수성을 멋지게 표현한다.

"사실, 하나님은 우리 각 사람에게서 멀리 떨어져 계시지 않습니다. … 우리는 하나님 안에서 살고, 움직이고, 존재하고 있습니다."(행 17:27~28)

또 빌립보교회에 보낸 편지에서 유명한 말을 남겼다. "나는 어떤 처지에서도 스스로 만족하는 법을 배웠습니다. 나는 비천하게 살 줄도 알고, 풍족하게 살 줄도 압니다. 배부르거나, 굶주리거나, 풍족하거나, 궁핍하거나, 그 어떤 경우에도 적응할 수 있는 비결을 배웠습니다. 나에게 능력을 주시는 분 안에서 나는 모든 것을 할 수 있습니다."(빌 4:11~13) 이런 고백은 현존인지감수성이 풍부한 사람에게서 볼 수 있는 자족감과 삶의 여유에 대한 경험적 고백이다.

예수님이야말로 현존인지감수성이 풍부하신 분이었다. 작은 것 속에서 무한한 하나님을 보고, 일상에서 영원의 발자국 소리를 들으셨다.

예수님은 공중의 새를 보면서 그들을 먹이시는 하나님을 알아차리고, 들의 백합화를 보면서 그들을 입히시는 하나님을 느끼셨다(마 6:26~28). 예수님의 '성사적 감수성'은 한 앗사리온에 팔리는 참새에서도 하나님을 보셨으며(마 10:29), 겨자씨처럼 작은 것이나 누룩처럼 평범한 것에서 천국을 보셨다(마 13:32~33). 평범한 음식인 빵과 포도주를 자신의 살과 피로 치환하여 하나님 사랑의 결정적인 통로로 변형시킨 것은 그야말로 현존인지감수성의 극치다.

타인의 얼굴 현존인지감수성이 깨어나면 타인에게서도 하나님의 얼굴을 본다. 야곱 이야기가 이를 잘 보여준다. 야곱은 3대째 믿는 집안에서 태어났다. 요즘 말로 하면 모태신앙이다. 야곱은 하나님의 '존재'를 알고 있었으나, 그 앎은 삶에 영향을 미치지 못했다. 형과 아버지를 속여서라도 축복을 받겠다는 자기중심적 욕망에 휘둘려 집안을 풍비박산 냈으니 말이다.

속인 것이 들통나 도망자 신세가 된 야곱은 지명조차 알 수 없는

'어떤 곳'에서 노숙을 한다. 그런데 그곳이 야곱에겐 성지였다. 왜냐하면 그곳에서 하나님의 현존을 처음 경험했기 때문이다. 노숙하다가 깨어났을 때 야곱은 이렇게 말했다.

"주님께서 분명히 이곳에 계시는데도, 내가 미처 그것을 몰랐구나.
… 이 얼마나 두려운 곳인가! 이곳은 다름 아닌 하나님의 집이다.
여기가 바로 하늘로 들어가는 문이다."(창 28:16, 17)

마침내 야곱은 지명조차 없던 그곳을 '베델(하나님의 집)'이라고 명명한다. 하나님의 현존을 발견하는 모든 곳이 베델이다.

이러구러 20년의 세월이 흘렀다. 야곱은 삼촌 집에서 열심히 일했고, 치열하게 사랑했으며, 잔꾀를 부려 재산을 모았다. 우여곡절 끝에 삼촌과 결별하고 귀향길에 올랐다. 겉으로 보면 금의환향이었지만, 마음 깊은 곳에선 불안이 스멀거렸다. 형 에서가 부하 사백 명을 거느리고 온다는 보고를 받았을 때 야곱은 너무 두려웠다.

형을 만나기 전날 밤, 야곱은 얍복강에 홀로 남았다. 그곳에서 야곱은 성경이 '어떤 사람'이라고 묘사한 존재와 씨름한다. 어떤 사람은 야곱의 엉덩이뼈를 쳤고, 야곱은 다쳤다. 엉덩이뼈를 쳤다는 것은 야곱의 삶을 지탱해 온 자기중심적인 옛사람 곧 거짓자아를 쳤다는 뜻이고, 엉덩이뼈를 다쳤다는 것은 야곱의 거짓자아가 해체됐다는 뜻이다.

그럼 어떤 사람은 누구였을까? 씨름이 끝났을 때 야곱은 이렇게 독백했다. "내가 하나님의 얼굴을 직접 뵙고도, 목숨이 이렇게 붙어 있구나!"(창 32:30) 야곱은 어떤 사람이 하나님이었음을 깨달았다. '하나님의 얼굴'은 야곱의 새사람 곧 참자아였다. 얍복 강에서의 씨름은 야곱의 내면에서 일어난 거짓자아와 참자아의 씨름이었다. 그리고 마침내 하나님의 얼굴(형상)인 새사람이 자기중심적인 옛사람을 이겼다. 얍복강에서 야곱은 자신의 정체성을 하나님의 얼굴(형상)로 새롭게 인식했다. 존재 인식의 혁명이 일어난 것이다.

참자아를 깨달은 사람은 다른 사람 안에 있는 참자아를 본다. 자기 자신이 하나님의 형상임을 깨달은 사람은 다른 사람도 하나님의 형상임을 안다. 야곱에게서 이 일이 일어났다. 그토록 대면하기 두려웠던 형에게서 하나님의 형상을 본 것이다. 그의 입에서 상상할 수 없었던 말이 튀어나왔다. "형님의 얼굴을 뵙는 것이 하나님의 얼굴을 뵙는 듯합니다."(창 33:10)

베델에서 깨어나기 시작한 야곱의 현존인지감수성은 자기를 증오하던 사람에게까지 확장됐다. 타인의 얼굴에서, 심지어 자기를 해칠 줄 알았던 원수의 얼굴에서 하나님의 얼굴을 보게 된다면 얼마나 감격스러울까? 얼마나 빛과 사랑으로 삶이 충만해질까?

아기 상어　　영성생활이란 모든 시간과 공간에서 하나님의 현존을 알아차리는 수련이다. 현존인지감수성이 깨어나고 성사적 감각이 열리면 모든 곳에서 하나님을 만난다. 이러한 영적 진실을 토마스 키팅은 이렇게 말한다.

"우리가 하나님으로부터 분리될 수 있는 상황이란 있을 수 없다. 물론 우리는 분리되어 있다고 느낄 수도, 그렇게 생각할 수도 있다. 그러나 아무리 애쓴다고 하더라도 우리가 하나님과 분리될 수 있는 길은 없다. 하나님이 휴가라도 가시지 않는다면 우리는 하나님의 현존과 결코 분리될 수 없는 것이다."(「Manifesting God」)

하나님은 일상의 모든 곳에 현존하신다. 그런데 우리는 지금 여기의 현실이 아니라 성소나 수도원, 기도원처럼 특별한 곳에 하나님이 계신다고 생각한다. 그래서 천지사방으로 하나님을 찾아 헤맨다.

어느 날 아기 상어가 할아버지 상어에게 물었다.
"할아버지, 다른 상어들이 바다에 대해 말하는 것을 들었어요. 바다는 넓기가 한이 없고 깊기가 끝이 없다고들 하던데, 어딜 가야 바다를 볼 수 있을까요?"
할아버지 상어가 말했다.
"지금 네가 있는 곳이 바다란다. 넌 지금 바다 속에서 살고 있고, 헤엄치고 있어."
그런 말도 안 되는 소리가 어디 있냐며 아기 상어가 따지듯이 말했다.
"여기가 바다라고요? 이건 그냥 물이잖아요. 제가 찾는 건 바다란 말에요, 바다!"
할아버지 상어의 대답에 실망한 아기 상어는 바다를 찾아 떠났다.

앤서니 드 멜로의 『종교 박람회』에 나오는 이야기인데, 어린이들이 잘 부르는 노래 '상어 가족'에 빗대어 각색해 봤다. 아기 상어는 바울의 말마따나 "하나님 안에서 살고, 움직이고, 존재"하면서도, 하나님을 엉뚱한 곳에서 찾는 우리의 자화상이다.

지금 여기에 현존하는 하나님을 만나지 못하면 다른 특별한 장소에서도 하나님을 만나지 못한다. 그래서 마이스터 에크하르트는 "부엌과 마구간에서 하나님을 발견하지 못한 사람은 은둔처나 암자, 수도원에서도 하나님을 발견하지 못합니다."라고 말했다. 부엌은 여자들의 일상 공간이었고, 마구간은 남자들의 일상 공간이었다. 하나님은 평범한 일상 공간에 현존하신다는 영적 진실을 말하는 격언이다. 그럼에도 사람들은 하나님을 찾겠다며 산꼭대기로, 사막으로, 수도원으로, 빈민굴로, 별난 데를 다 찾아다닌다. 물론 그런 곳에서도 하나님을 만날 수 있지만 기대한 것만큼 하나님 경험은 지속하지 않는다.

아기 상어의 다음 여정이 이를 잘 보여준다.

> 바다를 찾는 여정을 시작한 아기 상어는 여기저기 헤엄을 치다가 밀물에 떠밀려 바닷가에 이르렀다. 그곳에는 신기한 것들이 많았다. 아기 상어는 넋을 잃고 구경하다가 해지는 줄도 몰랐고, 썰물이 빠지는 줄도 몰랐다. 아기 상어는 모래사장에 홀로 남았다. 밤이 되자 갈증이 심해졌고, 숨이 막혀 죽을 것 같았다.
> 죽음에 대한 공포가 아기 상어를 휘감고 있을 때 하늘에서 빗방울

이 떨어지기 시작했다. 빗방울이 몸을 적시는 감촉이 더없이 좋았다. 힘도 솟았고 생기도 났다. 아기 상어는 마침내 바다를 만났다고 생각했다. 빗방울 서너 개가 아기 상어의 입속으로 떨어졌을 땐 정말 시원하고 달콤했다. 바다를 만났다는 생각은 확신으로 변했다.

하지만 비가 그치자 다시 목이 탔고 숨이 막혔다. 아기 상어는 의심하기 시작했다. '내가 바다를 만난 게 사실일까?'

그때 밀물과 함께 강력한 파도가 아기 상어의 몸을 집어삼켰다. 아기 상어의 몸은 바다에 내동댕이쳐졌지만 정말 시원했고 살 것 같았다. 헤엄도 자유롭게 칠 수 있었다. 그때 아기 상어는 깨달았다. "아, 나는 바닷속에서 살고, 움직이고, 존재하고 있었구나!"

오랜 방황 끝에 아기 상어는 깨달았다. 바다를 찾아 나서기 전부터 이미 바닷속에서 살고, 움직이고, 존재하고 있었음을!

우리는 어떤가? 특별한 장소나 상황에서 경험하는 몇 가지 신비체험뿐 아니라, 하나님은 모든 곳에 모든 때에 모든 것에 현존하심을 경험하고 있는가? 이미 하나님의 현존 속에서 살고 움직이고 존재하고 있음을 알고 있는가? 그러려면 현존인지감수성이 깨어나고 활짝 열려야 한다.

현존기도

그러면 어떻게 현존인지감수성을 일깨울 수 있을까? '현존기도'가 이를 도와준다. 현존기도는 그동안 해오던 기도생활에 답답함을 느끼는 사람들, 기도생활이 성장하고 깊어지기를 바라는 사람들, 관상기도에 관심을 가진 사람들을 위해 만든 기도다. 하지만 기도생활을 시작하는 사람들도 현존기도를 통해 기독교 영성 전통에 충실한 기도를 배울 수 있다.

현존기도는 큰 소리로 하는 기도(통성기도)와 침묵으로 하는 기도(관상기도)를 연결하는 일종의 다리다. 관상기도를 인도하다 보면 많은 사람이 힘들어한다. 관상기도는 침묵 속에서 하나님의 현존에 머무르는 기도이기 때문이다. 소리내어 기도하던 사람에게 아무것도 안 하고 침묵하며 가만히 앉아 있는 것은 아주 낯설고 어색하다. 침묵에 익숙해지려면 어느 정도 훈련이 필요하다. 젖을 빨던 아기가 밥을 먹기 전 이유식을 하는 것과 같은 이치다. 현존기도가 바로 그런 기도다.

현존기도에는 소리와 침묵이 공존한다. 그렇기에 소리 내어 기도하던 사람들이 침묵에 익숙해지는 것을 도와준다. 현존기도는 관상기도의 첫걸음인 셈이다.

현존기도라는 다리를 건너면 새로운 기도의 세계가 펼쳐진다. 소리의 바탕인 침묵의 세계에 머무르는 동안 욕망이 잦아들고 영성이 깨어난다. 머리에서 가슴으로의 여행이 시작되면서 한동안 무뎌졌던 직관이 차츰 살아난다. 욕망으로 얼룩진 상상력이 정화되면서 현존인지감수성이 풍부해지고 성사적 감각이 활성화된다. 기도와 영성, 삶의 패러다임이 근본적으로 바뀐다. 현존기도를 꾸준히 수행함으로 열리는 세계는 질서 있고 조화롭다. 고요하고 편안하다. 평범한 일상에서도 하나님의 현존을 알아차리므로 하나님의 온갖 충만하심으로 충만해진다(엡 3:19).

현존기도는 다음과 같다.

1
하나님
주님은 앞에서
나를 인도하십니다
주님을 사랑합니다
아멘
아멘
아멘

2
하나님
주님은 오른쪽에서
나의 힘이 되십니다
주님을 사랑합니다
아멘
아멘
아멘

3
하나님
주님은 왼쪽에서
나를 붙들어 주십니다
주님을 사랑합니다
아멘
아멘
아멘

4
하나님
주님은 위에서
나를 돌보십니다
주님을 사랑합니다

아멘
아멘
아멘

5
하나님
주님은 아래에서
나를 업어 주십니다
주님을 사랑합니다
아멘
아멘
아멘

6
하나님
주님은 뒤에서
나를 안아 주십니다
주님을 사랑합니다
아멘
아멘
아멘

7
하나님
주님은 모태에서 나를
하나님 형상으로 지으셨습니다
주님을 사랑합니다
아멘
아멘
아멘

8
하나님
주님은 내 안에 현존하시며
내 안에서 활동하십니다
주님을 사랑합니다
주님
내가 여기
있습니다

여덟 개의 기도문으로 이뤄진 현존기도는 '확언과 고백' 두 부분으로 나뉜다. 하나님의 현존에 대한 확언과 하나님께 대한 사랑 고백이 그것이다. 현존 확언 부분에서는 하나님이 모든 곳에 현존하시고 모든 곳에서 활동하심을 확인한다. 고백 부분에서는 모든 곳에 현존하시는 하나님을 사랑한다고 고백한다. 현존기도는 결국 하나님의 현존에 머무르면서 하나님을 사랑하는 기도다.

'현존 확언' 부분은 ① (하나님을 부르는) 거룩한 단어 ② 하나님의 현존 방향 ③ 하나님의 활동으로 구성되고, '사랑 고백' 부분은 ④ 기도자의 고백 ⑤~⑦ 기도자의 아멘 응답으로 구성된다. 여덟 개의 기도문에서 ① 거룩한 단어 ④ 고백 ⑤~⑦ 아멘 응답은 모두 똑같다. 다른 것은 ② 하나님의 현존 방향과 ③ 하나님의 활동뿐이다.

1. 거룩한 단어

현존기도의 첫 부분에 나오는 하나님 호칭은 모두 '거룩한 단어(sacred word)'다. 야훼, 주님, 예수님, 그리스도, 성령 같은 거룩한 단어는 그 자체만으로도 힘과 위엄과 능력이 있다. 그래서 그 이름을 부르는 사람은 누구든지 구원을 얻는다(롬 10:13). 현존기도는 '하나님'을 거룩한 단어로 사용한다.

성 아우구스티누스는 말했다. "그분의 이름을 발음한다는 것은 얼마나 사랑스럽고 감미로운가!" 이러한 믿음을 가지고 하나님을 부를 때, 마음은 하나님의 현존감으로 채워진다.

2~3. 현존 방향과 활동

시편 시인은 하나님이 하늘에도 계시고, 스올(땅속)에도 계시며, 바다 끝에도 계신다고 한다. 하나님은 모든 장소와 모든 공간에 계시는 분, 곧 무소부재하신 분이다. 현존기도의 두 번째 부분은 여러 방향에서 하나님 현존의 무소부재하심을 경험하며, 세 번째 부분은 현존 방향과 관련한 활동을 확언한다.

① 앞에 현존하시는 하나님

시편 23편 1~2절은 하나님을 목자에 비유한다. "주님은 나의 목자시니 내게 부족함 없어라. 나를 푸른 풀밭에 누이시며 쉴 만한 물 가로 인도하신다." 목자 되시는 하나님은 앞에서 우리를 인도하신다. 그래서 예언자 이사야는 "주님께서 너희 앞에 가시며"(사 52:12)라고 노래한다. 하나님은 앞서가며 우리를 인도하시는 목자다. 그래서 현존기도는 이렇게 확언한다.

"하나님, 주님은 앞에서 나를 인도하십니다."

② 오른쪽에 현존하시는 하나님

성경에는 하나님이 오른쪽에서 함께하신다는 표현이 여럿 나온다. "주님은 언제나 나와 함께 계시는 분, 그가 나의 오른쪽에 계시니, 나는 흔들리지 않는다."(시 16:8) "나를 고발하는 자들에게서 나를 구원해 주시려고, 주님께서는 이 가난한 사람의 오른쪽에 서 계시기 때문이다."(시 109:31) "주님은 너를 지키시는 분, 주님은 네 오른쪽에 서서, 너를 보호하는 그늘이 되어 주시니."(시 121:5) 그래서 현존기도는 이렇게 확언한다.

"하나님, 주님은 오른쪽에서 나의 힘이 되십니다."

③ 왼쪽에 현존하시는 하나님

다윗은 고백했다. "이 몸이 주님께 매달리니, 주님의 오른손이 나를 꼭 붙잡아 주십니다(시 63:8)." "바다 끝 서쪽으로 가서 거기에 머무를지라도, 거기에서도 주님의 손이 나를 인도하여 주시고, 주님의 오른손이 나를 힘있게 붙들어 주십니다."(시 139:9b~10) 오른손으로 붙들어 주시려면 하나님은 왼쪽에 계셔야 한다. 하여 현존기도는 이렇게 확언한다.

"하나님, 주님은 왼쪽에서 나를 붙들어 주십니다."

④ 위에 현존하시는 하나님

하나님이 매사에 보살펴 주시고 돌봐 주시는 분임을 다윗은 이렇게 노래했다. "사람이 무엇이기에 주님께서 이렇게까지 생각하여 주시며, 사람의 아들이 무엇이기에 주님께서 이렇게까지 돌보아 주십니까?"(시 8:4) 다윗이 언약궤를 예루살렘으로 모실 때 음악을 맡은 아삽은 이렇게 기도했다. "만군의 하나님, 우리에게 돌아오십시오. 하늘에서 내려다보시고 이 포도나무를 보살펴 주십시오."(시 80:14) 다윗과 아삽의 노래를 통해 현존기도는 이렇게 확언한다.

"하나님, 주님은 위에서 나를 돌봐 주십니다."

⑤ 아래에 현존하시는 하나님

성경은 하나님을 업어 주시는 분으로 묘사하기도 한다. "너희가 태어날 때부터 내가 너희를 안고 다녔고, 너희가 모태에서 나올 때부터 내가 너희를 품고(업고) 다녔다. 너희가 늙을 때까지 내가 너희를 안고 다니고, 너희가 백발이 될 때까지 내가 너희를 품고(업고) 다니겠다."(사 46:3~4) 모세는 출애굽 사건을 어미 독수리가 새끼를 업어 나른 것에 비유한다. "마치 독수리가 그 보금자리를 뒤흔들고 새끼들 위에서 퍼덕이며, 날개를 펴서 새끼들을 받아 그 날개 위에 업어 나르듯이, 주님께서만 홀로 그 백성을 인도하셨다."(신

32:11~12) 하나님은 우리 아래에서 우리를 업어 주신다. 따라서 현존기도는 하나님의 현존 방향을 이렇게 확언한다.

"하나님, 주님은 아래에서 나를 업어 주십니다."

⑥ 뒤에 현존하시는 하나님

하나님은 앞에서 인도하실 뿐 아니라 뒤에서 지켜주신다. 이사야는 이렇게 백성들을 위로한다. "이스라엘의 하나님께서 너희 뒤를 지켜주시니, 너희가 나올 때에 황급히 나오지 않아도 되며, 도망치듯 달아나지 않아도 된다."(사 52: 12) 뒤에서 지켜주시는 하나님은 뒤에서 안아 주시는 하나님과 이미지가 겹친다. "주님께서는, 사랑과 긍휼로 그들을 구하여 주시고, 옛적 오랜 세월 동안 그들을 치켜들고 안아 주셨습니다."(사 63:9) 시편 시인도 동일한 경험을 노래한다. "젖뗀 아이가 어머니 품에 안겨 있듯이, 내 영혼도 젖뗀 아이와 같습니다."(시 131:2) 이러한 신앙인들의 경험을 새기며 현존기도는 이렇게 확언한다.

"하나님, 주님은 뒤에서 나를 안아 주십니다."

앞, 오른쪽, 왼쪽, 위, 아래, 뒤 여섯 방향 외에 현존기도는 하나님이 현존하시는 두 방향을 더 알고 있다. 하나는 공간의 범주가 아니라 시간의 범주이며, 다른 하나는 외적 공간이 아니라 내적 공간이다.

⑦ 모태에 현존하시는 하나님

시편 시인은 모태에서도 하나님이 현존하셨음을 이렇게 묘사한다. "주님께서 내 장기를 창조하시고, 모태에서 나를 짜 맞추셨습니다."(시 139:13) 생물학적 몸과 함께 하나님은 모태에서 "당신의 형상대로 사람을 창조하셨다."(창 1:27) 하나님의 형상은 인간 존엄성의 기초이며, 자존감과 자긍심의 원천이다. 따라서 자신이 하나님의 형상대로 창조된 존재라는 믿음을 갖고 실제로 그렇게 고백한다면 어떤 현실에서도 의연할 수 있다. 그래서 현존기도는 이렇게 확언하며 고백한다.

"하나님, 주님은 모태에서 나를, 주님 형상으로 빚으셨습니다."

⑧ 내면에 현존하시는 하나님

'내면'은 사람들이 별로 주의를 기울이지 않는 영역이다. 사람들의 관심은 온통 외부를 향하고 있다. 하나님도 저기 바깥 높은 곳에 계신 초월적인 대상일 따름이다. 무서운 하나님은 될 수 있는 한 멀리 계신 것이 좋다. 그러나 예수님은 우리에게 하나님을 '아빠'라고 부르라고 하셨다. 아빠 하나님은 탕자를 껴안은 아버지처럼 우리를 조건 없이 사랑하시는 분이다.

키쉴로프스키라는 폴란드 영화감독은 십계명을 10편의 영화로 만들었다. 첫째 계명으로 만든 영화에는 수학자이며 무신론자인 아버지, 아버지와는 달리 하나님이 궁금한 어린 아들, 엄마의 빈자리를 채워 주던 고모 세 사람이 나온다. 어느 날 아이는 고모에게 하나님이 어떤 분이냐고 묻는다. 고모는 물끄러미 조카를 쳐다보더니 천천히 다가가 가만히 안아준다. 그렇게 한동안 있다가 고모가 말한다. "하나님은 이런 분이야." 아이는 하나님이 사랑이심을 가슴으로 느꼈을 것이다.

이런 사랑의 하나님이 내 안에 현존하시며, 내 안에서 활동하신 다면 얼마나 든든하고 푸근할까? 그래서 현존기도는 제일 마지막으로 이렇게 확언한다.

"하나님, 주님은 내 안에 현존하시며, 내 안에서 활동하십니다."

4~7. 기도자의 고백과 응답

현존기도의 네 번째 부분은 '사랑 고백'이다. 하나님이 모든 곳에 현존하심을 확언한 기도자는 하나님께 사랑을 고백한다. 사랑은 상대에 대한 앎에서 시작하지만, 고백이 없다면 사랑은 열매 맺지 못한다.

하나님 사랑도 그렇다. 하나님을 사랑하는 것이 '으뜸가는 계명'임을 우리는 잘 안다. 하지만 앎과 고백은 완전히 다르다. 사랑은 언어로 고백할 때 현실이 되기 때문이다. 그래서 하나님의 현존에 머무르려면 고백이 수시로 필요하다. 다윗이 그런 사람이었다. "나의 힘이신 주님, 내가 주님을 사랑합니다."(시 18:1) 고백의 순간, 하나님의 사랑의 시선과 기도자의 사랑의 응시가 만난다. 이때 하나님은 개념이 아니라 살아 있는 실재로 경험된다. 부활하신 예수님이 베드로에게 요구하신 것도 사랑 고백이었다. 예수님은 베드로에게 집요하게 물으셨다. "네가 나를 사랑하느냐?" 거듭되는 질문에 베드로는 두려움과 떨림 속에서 진실을 고백했다. "내가 주님을 사랑하는 줄을 주님께서 아십니다."(요 21:17)

현존기도는 각 방향 – 앞·오른쪽·왼쪽·위·아래·뒤·모태·내면 – 에서 하나님의 현존을 확언할 때마다 하나님께 사랑의 고백을 봉헌한다. 그 다음에는 "아멘"으로 응답하며 사랑의 진정성을 스스로 확증한다. 아멘을 되풀이할 때마다 고백은 깊어지며 진실해진다. 아멘은 신성한 언어다. 아멘이라고 말할 때, 기도자는 성 삼위 하나님의 현존에 들어간다. 이때 기도자의 내면에 하나님의 나라(통치)가 이루어진다.

여덟째 기도에서만 세 번의 아멘 대신 "주님 / 내가 여기 / 있습니다"라고 응답한다. 그런 다음 침묵 속에 고요히 머문다. 현존기도에 이어 향심기도를 하면 좋다. 현존기도는 향심기도를 위한 훌륭한 준비 과정이기 때문이다.

이제까지 현존기도의 구성요소와 각 요소의 의미를 간략하게 살펴봤다. 요약하면 현존기도의 구조는 다음과 같다.

현존기도의
여러 방법

이제 기도 방법에 대해 알아보자. 기도하기 전에 먼저 십자가, 초, 성화, 꽃 등 종교적 장식으로 경건한 분위기를 연출한다. 기도 환경이 조성되면 집중이 훨씬 잘 된다. 기도 장소는 홀로 있을 수 있는 조용하고 한갓진 곳이 좋다. 기도가 익숙해지기 전까지는 아침저녁으로 기도 시간을 정해 놓고 수련한다. 시간을 정했으면 꼭 지킨다.

현존기도를 암기하면 모든 환경에서 수시로 할 수 있다. 걸을 때도, 줄 서서 기다릴 때도 할 수 있고, 지하철이나 버스에서도 할 수 있다. 밤에 잠들기 전이나 아침에 잠에서 깨어 누워서도 할 수 있다.

암송으로 기도하기 현존기도의 첫 번째 수련 방법은 암송이다. 암송에는 '소리내어' 하는 암송과 '침묵으로'

하는 암송 두 가지가 있다. 현존기도를 처음 할 때는 나지막한 소리로 읊조리며 기도한다. 기도가 익숙해지면 침묵 속에서 암송한다. 침묵 속에서 암송하면 입술과 머리에 머물러 있던 기도가 가슴에 새겨진다. 기도문 암송이 어려워 보여도 몇 번 하면 외워진다. '하나님을 부름'과 기도자의 '사랑 고백', 그리고 '아멘 응답'은 똑같이 되풀이되기 때문에 '하나님의 현존 방향'과 그 방향에 따른 '하나님의 활동'만 연결 지으면 된다.

외울 때 유념해야 할 게 있다. 단어의 수가 몇 개이든 한 박자에 암송하는 것이다. 거룩한 단어도, 하나님의 현존 방향도, 하나님의 활동도, 기도자의 사랑 고백도, 아멘 응답도 한 박자에 암송한다. 그러면 모든 기도는 일곱 박자로 끝난다. 그다음 기도문을 암송하기 전까지 한 박자를 쉬며 여유를 갖는다. 그렇게 해서 모든 기도는 여덟 박자로 이루어진다.

수련 첫째 주에는 현존기도를 소리 내어 암송하고, 둘째 주에는 침묵으로 암송한다. ('현존기도, 소리 내어 따라 하기'와 '현존기도, 침묵으로 따라 하기' 유튜브 참조.) 암기의 중요성은 아무리 강조해도 지나치지 않다. 일단 암기하면 언제 어디서나 다양한 방법으로 기도할 수 있기 때문이다. 이로써 얻을 수 있는 영적 유익은 말할 수 없이 크다.

호흡으로 기도하기 현존기도는 호흡에 실어서도 할 수 있다. 그렇게 기도하면 입술과 머리에 맴돌던 기도가 가슴뿐 아니라 호흡에도 새겨진다. 기도가 더욱 내면화된다. 호흡을 도입하면 기도생활이 깊어지고 풍부해진다. 호흡에 주의를 기울이는 것 자체가 기도의 시작이다. 호흡의 특성은 하나님의 속성과 같기 때문이다.

첫째, 하나님이 생명의 근원이시듯 숨도 생명의 근원이다. 둘째, 하나님이 언제나 우리와 함께하시듯 숨도 늘 우리와 함께 살아 숨 쉰다. 셋째, 하나님이 언제나 우리와 동행하시듯 숨도 어느 때나 우리와 동행한다. 넷째, 하나님이 졸지도 않고 주무시지도 않듯 숨도 밤새 깨어 우리의 생명을 돌본다. 다섯째, 하나님이 지금 여기 현재 순간에 현존하시듯 숨도 오직 현재에 머무른다. 숨은 현재로 들어가는 문이다.

그런데 안타까운 일은 생명의 근원이며 늘 우리와 함께하시는 하나님을 평소에 의식하지 않듯, 쉬지 않고 일하며 생명을 유지하는 숨에 우리는 주의를 기울이지 않는다. 우리의 주의와 시선은 언제나 외부 세계를 향한다. 갈수록 외면과 가시계는 비대해지지만, 내면과 비가시계는 왜소해진다. 삶은 깊이가 없고, 균형을 잃는다.

동서양을 막론하고 영성가들은 숨에 많은 관심을 가졌다. 내면과 비가시계를 향한 여정을 시작하는 데 숨만큼 도움을 주는 것이 없기 때문이다. 그런데 숨에 주의를 기울이는 것을 동양 명상을 흉내 내는 것쯤으로 여기는 기독교인들이 있다. 그렇지 않다. 숨은 동양 명상가들의 전유물이 아니다. 잘 몰라서 그렇지 기독교에도 호흡을 중요하게 여기는 영성 전통이 있다. 에바그리우스의 스승 마카리우스는 숨을 쉴 때마다 예수님의 이름을 부르라고 권고했으며, 요한 클리마쿠스는 숨을 쉴 때마다 그리스도를 기억하면 하나님의 참맛을 볼 것이라고 가르쳤다.

숨과 친해지면 기도생활은 깊어지고 풍성해진다. 그래서 기도하기 전에 숨에 주의를 기울이며 숨을 고르는 게 중요하다. 그 과정이 어수선한 마음을 고요하고 평화롭게 할 뿐 아니라, 새로운 감각 즉 직관, 성사적 감수성, 현존인지감수성 등을 일깨워 준다.

현존기도는 한 번의 들숨(╱)과 날숨(╲)에, 즉 한 박자에 기도의 각 구성요소를 담는다.

1 하나님(╱╲)
2 주님은(╱) 앞에서(╲)
3 나를(╱) 인도하십니다(╲)
4 주님을(╱) 사랑합니다(╲)
5 아멘(╱╲)
6 아멘(╱╲)
7 아멘(╱╲)
8 다음 기도문을 암송하기 전에 천천히 한 번 호흡(╱╲)

이렇게 하면 모든 기도문은 여덟 박자로 이루어진다. 호흡에 실어 현존기도를 할 때 몸에 힘이 들어가거나 긴장할 수도 있는데, 가능한 호흡을 편하고 자연스럽게 한다.

주의할 점은 일곱 번째 기도문이다. 이 기도문에서는 '나를'을 현존 방향에 포함시킨다. 그래야 박자가 맞는다.

주님은(↗) 모태에서 나를(↘)
하나님 형상으로(↗) 지으셨습니다.(↘)

여덟 번째 기도문을 호흡과 일치시킬 때 어려워하는 사람들이 있다. 다음을 참고하면 쉽게 할 수 있다. 여덟 번째 기도문은 향심기도를 시작할 때 하는 기도문으로도 손색이 없다.

1 하나님(↘)
2 주님은 내 안에(↗) 현존하시며(↘)
3 내 안에서(↗) 활동하십니다(↘)
4 주님을(↗) 사랑합니다(↘)
5 주님(↗↘)
6 내가(↗) 여기(↘)
7 있습니다(↗↘)

호흡과 함께 하는 기도 수련은 셋째 주간에 집중적으로 한다.

몸으로 기도하기 현존기도는 훌륭한 몸 기도다. 몸 기도를 통해 현존기도는 몸에까지 스며든다. 모든 방향으로 얼굴을 돌리며, 침묵 속에서, 호흡과 함께 기도한다. 넷째 주간에 집중적으로 기도한다.

1. 눈을 감고 마음의 눈으로 앞을 바라보며
   (하나님, 주님은 앞에서…)
2. 천천히 고개를 오른쪽으로 돌리며
   (하나님, 주님은 오른쪽에서…)
3. 천천히 왼쪽으로 고개를 돌린 다음
   (하나님, 주님은 왼쪽에서…)
4. 다시 앞을 향했다가 고개를 위로 든 다음
   (하나님, 주님은 위에서…)
5. 고개를 천천히 아래로 내리며
   (하나님, 주님은 아래에서…)
6. 고개를 왼쪽으로 비스듬히 돌려 뒤로 젖히고, 마음의 눈으로 등 뒤를 바라보며
   (하나님, 주님은 뒤에서…)
7. 고개를 오른쪽으로 비스듬히 돌려 뒤로 젖히고, 마음의 눈으로 모태를 상상하며
   (하나님, 주님은 모태에서 나를…)
8. 고개를 앞으로 향한 다음 마음의 눈으로 내면을 응시하며
   (하나님, 주님은 내 안에 현존하시며…)

몸으로 하는 현존기도 수련은 넷째 주간에 집중적으로 한다.

집중에서 지향으로   어떤 방식으로 현존기도를 하든, 여덟 번째 기도문까지 암송하고 나서 반드시 침묵 속에서 하나님의 현존에 머문다. 침묵 속에 머무는 시간을 5분에서 10분

으로, 10분에서 15분으로 점차 늘린다. 침묵 속에 머물 때는 기도문을 생각하지 않는다. 하나님의 현존과 활동을 지향하며 가만히 있는다. 이때 마음의 상태는 기도문에 '집중하던(attention)' 상태에서 하나님의 현존과 활동을 '지향하는(intention)' 상태로 변형된다.

기도문으로 기도할 때는 정신의 대상이 뚜렷하다. 현존 방향과 하나님의 활동에 집중하기 때문이다. 하지만 침묵 속에 가만히 머물러 있을 때는 정신 대상이 불분명하다. 이런 상태를 '대상 없는 알아차림(objectless awareness)'이라고 말한다.

대상 없는 알아차림 상태에서 조용히 머무르다 보면, 여러 가지 생각이 쏟아진다. 아이디어와 통찰이 샘솟기도 하고, 상처와 관련한 부정적인 감정에 시달리기도 한다. 그래도 생각을 없애려고 애쓰거나 싸우지 않는다. 생각에 사로잡힌 것을 알아차리면 거룩한 단어(하나님)로 부드럽게 돌아간다. 그러면 생각들은 저절로 흘러간다. 통찰이나 영감도 흘려보낸다. 이 수련은 생각의 내용을 붙드는 수련이 아니라, 생각에 초연한 태도를 기르는 수련이다.

한 달 동안 아침저녁으로 하루에 두 번 현존기도를 꾸준히 수련하라. 현존기도가 입에 익고, 정신과 가슴에 새겨지고, 호흡과 몸에 스며들수록 내면에서 세밀하고 분명한 변화가 진행된다. 직관이 열리고, 성사적 감각이 깨어나며, 현존인지감수성이 발달한다. 이제 하나님이 하실 일만 남았다. 하나님의 온갖 충만으로 우리를 충만하게 하실…(엡 3:19).

현존과
승복

나무를 보는 여러 시선이 있다. 첫 번째는 '몸의 눈', 즉 육안이다. 육안으로는 주로 겉모습을 본다. 나무의 아름다움에 매료되어 나무를 그릴 수도 있고 나무에 대한 노래나 시를 지을 수도 있다. 이때 나무는 향유의 대상이다. 나무를 땔감으로 쓸 수도 있다. 이때 나무는 이용의 대상이다. 나무로 목재를 만들어 팔 수도 있다. 이때 나무는 소비의 대상이다. '몸의 눈'은 나무를 보더라도 인간의 욕망과 필요에 따라 본다. 주로 겉모습과 부분만 본다.

나무를 보는 눈 나무를 보는 두 번째 눈은 '머리의 눈'이다. 머리의 눈은 분석하는 눈이다. 과학이 이를 도와준다. 과학은 현미경이라는 또 다른 눈을 제공하여 몸의 눈이 보지 못하는 것까지 보게 한다. 이용·소비·향유의 대상이었던 나무는 연구 대상이 된다. 관찰과 분석을 통해 '머리의 눈'은 몸의 눈이 보지 못하던 속을 본다. 나무의 화학적 성분이나 광합성을 통한 생장 과정 등 나무에 대한 지식이 폭발적으로 증가한다. 머리의 눈은 나무에게서 개별성(고유성)을 삭제한다.

나무를 보는 세 번째 눈은 '마음의 눈'이다. 이는 열린 가슴으로 보는 눈이다. 마음의 눈으로 보면, 한 그루의 나무가 뿌리를 통해 생명 세계 전체와 연결되어 있음이 보인다. 북한산의 나무는 로키산맥의 나무와 대지를 통해 하나로 연결된다. 이뿐 아니다. 땅을 딛고 살아가는 인간과도 연결된다. 나무 한 그루는 내가 유일무이한 존재인 것처럼, 그 자체로 생명 세계의 일부다. 몸의 눈이 부분을 보고, 머리의 눈이 세부를 본다면, 마음의 눈은 전체를 본다.

〈플립〉이라는 영화가 있다. 줄리라는 여자아이와 브라이스라는 남자아이가 사랑하며 성장하는 과정을 그린 영화다. 줄리의 아빠는 화가인데 어느 날 줄리에게 풍경화 그리는 법을 들려준다. "항상 전체 풍경을 봐야 해. 그림은 단지 부분들이 합쳐진 게 아니야. 소는 그냥 소이고, 초원은 그냥 풀과 꽃이고, 나무들을 비추는 태양은 그냥 한 줌의 빛일 뿐이지만, 그 모든 게 함께 어우러지면 마법이 되거든. 부분이 모여 아름다운 전체를 이루는 거지."

하지만 줄리는 아빠의 말을 이해하지 못한다. 그러던 어느 날 줄리는 동네에 있는 커다란 플라타너스에 올라간다. 그곳에서 눈 앞에 펼쳐진 황홀한 풍경을 보고 아빠의 말을 깨닫는다. "나무 위에서 석양을 바라보던 날, '부분이 모여 아름다운 전체를 이룬다'는 아빠 말씀이 비로소 머리에서 가슴으로 옮겨왔다." 그날부터 줄리는 플라타너스 위에서 아름다운 풍경과 넓은 세상을 바라보는 재미에 푹 빠진다. 줄리의 눈이 부분에서 전체를 보기 시작한 것이다.

그러나 새집을 지으려는 주인이 플라타너스를 자르려고 하자, 줄리는 그럴 수 없다며 나무 위에서 내려오지 않고 버틴다. 줄리에게는 나무가 이용 대상이나 탐구 대상이 아닌 새로운 세계를 열어준 생명이었기 때문이다.

신성의 눈   네 번째 눈이 있다. 나는 이것을 '신성의 눈'이라고 부른다. 신성의 눈은 겉도 보고 속도 본다. 대강(大綱)도 보고 세부도 본다. 부분도 보고 전체도 본다. 무엇보다 모든 것 속에서 신성을 보고 성스러움을 본다.

이 눈이 바로 '관상적 시선'이다. 관상적 시선은 관상 상태에서 열리는 눈이다. 그리스도를 바라볼 때 열리는 눈, 그리스도를 바라보며 하나님의 현존에 머물 때 열리는 눈, 그리스도를 바라보며 하나님의 현존에 머물 때 성령의 감동으로 열리는 눈이다. 이 눈은 그리스도의 눈이며, 그리스도의 눈을 통해 보시는 하나님의 눈이다. 이 눈은 겉과 속, 대강과 세부, 부분과 전체를 볼 뿐 아니라 사물과 사람에게서 하나님을 본다.

이 눈을 철학자 아도르노는 '안식일의 눈'이라고 일컬었다. '[대상의] 유일무이한 아름다움에 홀린 눈', '대상으로부터 그것이 창조되는 날의 고요의 흔적을 되살려내는 눈', '태초에 조물주가 세상을 보

앉을 법한 그런 눈'으로 보기에 모든 것을 '좋다!' 하는 눈!

이 눈이 기적을 일으킨다. 이 눈으로 보면 '나'는 문제투성이가 아니라 하나님이 보배롭고 존귀하게 여기며 사랑하는 고귀한 존재다. 이 눈으로 보면 '너'는 비교와 경쟁의 대상이 아니라 소울 프렌드다. 이 눈으로 보면 '삶'은 고통과 불행이 파도치는 고해(苦海)가 아니라 신성이 충만한 섭리의 바다다. 일상에서 섭리 곧 '신성한 삶의 배열'을 알아차리는 삶은 경이롭다.

요셉이 그랬다. 관상적 시선 곧 신성의 눈으로 자신의 삶을 보자, 기구한 운명은 은총의 여정으로 변형됐다. "내가, 형님들이 이집트로 팔아넘긴 그 아우입니다. 그러나 이제는 걱정하지 마십시오. 자책하지도 마십시오. 형님들이 나를 이곳에 팔아 넘기긴 하였습니다만, 그것은 하나님이, 형님들보다 앞서서 나를 여기에 보내셔서 우리의 목숨을 살려 주시려고 그렇게 하신 것입니다."(창 45:4~5)

승복, 승복, 승복 어떻게 하면 '신성의 눈'이 열릴까? '승복(承服)'이 답이다. 이런 깨달음을 얻은 계기가 있었다. 어느 해 여름, 관상기도 피정에서 돌아온 다음 날이었다. 한 길벗이 피정 참여기를 보내왔다.

> 어제 피정에 다녀와서 지금 저는 울고 있습니다. 이 늙은 사람이 컴퓨터 앞에서 울고 있습니다. 자판이 흐릿하고 글자가 어른거립니다. 하지만 저는 하나님이 저에게 주신 사랑을 전하고 싶습니다.

이 길벗은 피정에서 하나님의 사랑을 깊이 깨달았던 모양이다. 깨달음의 감동이 첫 문장에서부터 물씬 풍겼다. 어떻게 하나님의 사랑을 깨달았을지 궁금했다. 그는 이렇게 말을 이었다.

근래에 저의 최대 관심사는 관상기도가 하나님이 진정으로 원하시는 기도인지 확인하는 것이었습니다. 얼마 전에 이민재 목사님이 읽어보라며 기도에 관한 두 권의 책을 주셨습니다. 하나는 「하나님 만나기(Finding God)」라는 책인데 기도 방법에 관한 책입니다. 다른 하나는 프리드리히 하일러의 「기도(The Prayer)」라는 책으로 다양한 기도의 내용에 관한 책입니다. 두 책을 읽고 나서 든 생각은 기도가 크게 '간구기도'와 '관상기도'로 나눠진다는 것이었습니다. 간구기도에 관한 대목을 읽을 때는 간구기도가 중요하다는 생각이 들었고, 관상기도에 관한 대목을 읽을 때는 관상기도가 중요하다는 생각이 들었습니다. 혼란스러웠습니다. 그러다가 「기도」의 마지막 장인 '기도의 본질'이 생각났습니다. 여기에서 저자는 "기도는 하나님의 '현존' 속에서 하나님과 '교제'하는 것"이라면서 "이 교제는 승복을 통해 이루어진다"고 정의합니다. "아, 이거야!" 하는 깨달음과 함께 '현존-승복-교제'라는 세 개념이 어우러지면서 한 폭의 그림이 떠올랐습니다. 하나님의 '현존'의 바탕 위에 '승복'의 기둥으로 세워진 '교제'의 전! 아름다웠습니다. 그게 기도였습니다.

이 길벗은 기도 공부와 수행을 통해 기도가 "하나님의 현존의 바탕 위에 승복의 기둥으로 세워진 교제의 전"임을 스스로 터득했다. 정말이지 핵심을 찌르는 아름다운 정의였다. 무엇보다 길벗은 '현존'과 함께 '승복'의 중요성을 깊이 깨달았다.

피정의 집을 향하면서 내비게이션에 목적지를 찍었습니다. <스승 예수의제자수녀회 피정의 집>. '이름이 왜 이렇게 복잡해'라고 생각하려는 순간, 그 이름에서 현존과 승복이 보였습니다. '스승 예수'에서 예수님의 현존을 보았고, '제자수녀회'에서 수녀님들의 승복을 보았습니다. 목적지에 도착해서 바위에 새겨진 "한적한 곳에서 함께 좀 쉬자"라는 말씀을 보았을 때, 여기에서도 현존과 승복이 보였습니다. '한적한 곳에서'는 현존이었고, '함께 좀 쉬자'는 승복이었습니다. 특히 '좀 쉬자'에서 예수님도 승복하심을 알았고, 이 쉼은 죽음에 이르는 승복과 연결되었습니다. 오, 위대한 현존이여! 오, 아름다운 승복이여!

길벗은 승복에서 마침내 예수 그리스도의 죽음을 보았다. 하여, 탄성을 지르지 않을 수 없었다. "오, 위대한 현존이여! 오, 아름다운 승복이여!" 현존과 승복에 대한 길벗의 알아차림은 피정 내내 계속되었다.

피정이 시작되었습니다. '향심기도'를 하면서 현존의 바탕 위에 승복을 살며시 올려놓았습니다. 현존과 승복은 항상 함께 있었습니다. 눈물이 났습니다. '예수기도' 할 때도 현존과 승복을 느꼈습니다. "주 예수 그리스도 하나님의 아들이시여"라는 대목은 현존이었고, "이 죄인을 불쌍히 여기소서"라는 대목은 승복이었습니다. 무엇보다 '현존기도'야말로 현존과 승복의 기둥으로 이루어진 기도였습니다. "하나님, 주님은 앞에서 나를 인도하십니다"에서 현존을 경험했고, "주님을 사랑합니다"에서 승복을 경험했습니다. 나머지 일곱 방향에서 모두 현존과 승복을 경험했습니다.

이 길벗이 보내온 피정 참여기를 읽으며 나는 그동안 현존은 많이 강조했지만 '승복'은 별로 강조하지 않았음을 깨달았다. 승복은 하나님이 하시는 모든 일을 수용하겠다는 '받아들임'이며, 하나님의 처분에 맡기겠다는 '내어 맡김'이다. 하나님이 에고를 깨뜨리신다면 그것도 받아들이고, 거짓자아를 부수신다면 그것도 받아들인다는 절대적 수용과 전폭적인 맡김이다. 사도 바울처럼 "나는 날마다 죽습니다"(고전 15:31) 하는 고백이다.

현존과 승복! 이것이야말로 이제까지 순례해 온 예수기도, 향심기도, 현존기도의 핵심이다. 향심기도 실천 지침 첫 번째 항목은 바로 현존과 승복에 관한 것이다. 향심기도의 선구자인 토머스 키팅은 이를 이렇게 말한다. "거룩한 단어는 하나님의 현존 안에 우리가 머물겠다는 지향과 하나님의 활동에 승복하겠다는 지향을 나타낸다."

향심기도를 수련하면서 발전하는 느낌이 없다면 승복의 마음가짐이 부족한 것이다. 예수기도도 마찬가지다. 승복하려는 마음이 없다면 예수님을 '주', '그리스도', '하나님의 아들'이라고 고백하는 것도 모두 허사(虛辭)이며, 예수기도 수련도 허사(虛事)가 된다. 하지만 승복을 통해 그리스도를 진정한 주님으로, 그리스도로, 하나님의 아들로 고백할 때 주님의 이름을 부르는 사람은 누구든지 구원을 얻는다(롬 10:13).

이러한 현존과 승복의 경지로 안내하는 현존기도! 위에서 소개한 피정 참여자의 고백처럼 "현존기도는 현존과 승복으로 이뤄진 기도"라 해도 지나친 말이 아니다.

그러니, 벗들! 날마다 현존기도 수련을 통해 하나님의 현존에 고요히 머물러라. 편견이나 고정관념 같은 생각에 승복하지 말고 그리스도께 승복하라. 미움이나 분노 같은 일시적인 감정에 승복하지 말고 그리스도께 승복하라. 고집이나 자존심 따위의 자기중심적 의지(에고)에 승복하지 말고 그리스도께 승복하라. 그것이 그리스도를 믿고 사랑하고 닮고 따르는 길이며, '신성의 눈'을 뜨는 길이다.

에필로그

아포파시스의 길

이제 기도 순례를 마무리할 때가 된 것 같다. 물론 앞으로도 순례는 계속될 테지만 이제까지 해 온 순례가 기독교 영성 전통의 어느 길에 닿아 있는지 헤아려보는 것도 의미 있는 일일 것이다.

기도 순례를 통해 내가 도달한 곳은 소리 내어 기도하는 것에 익숙했던 나에게 아주 낯선 영지(領地)였다. 그러나 그 낯섦이 어딘지 모르게 익숙하기도 했다. "하늘을 우러러 한 점 부끄럼이 없기를" 꿈꿨던 시절에 이따금 얼굴을 내밀던 순수의 풍경과 닮아 있었기 때문이다. 고등학교 시절, 모두 잠든 밤이면 나는 창고를 개조한 골방에서 촛불을 켜고 고요히 앉아 있었다. 그러면 골방을 가득 채운 어둠과 침묵 속에서 말로 표현할 수 없는 신성한 현존이 나를 둘러쌌다. 마음은 평온해졌고, 영혼은 맑아졌다.

기도 순례가 나를 이끈 곳도 같은 영지였다. 그곳에서 나는 목회적 야망과 허위의식 속에서 잊고 살았던 그 현존과 다시 해후했다. 기도할 때마다 현존은 어머니의 품처럼 따뜻하게 나를 감쌌다.

그 현존에 머무는 동안 나는 다시 진실해졌고 나다워졌다. 관상기도 수련은 하나님의 현존에 머무는 동안 하나님이 창조하신 본래의 나(참자아)로 변형되는 것이 기도임을 가르쳐 줬다. 현존에 머물수록 기도는 더욱 단순해졌다. 말은 필요 없었고, 개념은 거추장스러웠다. 신성한 현존 속에 머무는 것이면 충분했다. 단순한 '머무름' 안에서 나는 분명한 하나님의 임재를 느꼈다.

나는 이런 경험을 표현할 말을 찾고 싶었다. 그러던 어느 날, 신성한 현존에 머물며 기도하는데 문득 한 단어가 떠올랐다. '아포파시스의 길!' 부정(否定)을 뜻하는 아포파시스(Apophasis)는 '떼어낸다(apo)'와 '말한다(phánai)'로 이뤄졌다. 다시 말해 이 길은 말을 떼어내는 길, 말에서 멀어지는 길, 곧 '침묵의 길'이다. 결국 내 기도 순례는 아포파시스의 길이었다.

아포파시스의 길은 하나님을 언어나 개념, 형상으로 붙잡으려 하지 않는다. 오히려 그런 것들을 하나씩 떼어내면서 하나님의 신비에 다가간다. 유한한 언어로 무한한 하나님의 신비를 설명하려는 것은 바다를 골무에 담으려는 것과 마찬가지기 때문이다. 그러므로 이 길은 "어떤 형상도 만들지 말라"는 십계명의 둘째 계명을 충실히 따르는 길이기도 하다.

아포파시스의 길 다른 편에 '카타파시스의 길'이 있다. 긍정을 뜻하는 카타파시스(kataphasis)는 '~을 따라, ~에 의해(kata)'와 '말하다(phánai)'를 합친 말이다. 이 길은 말이나 개념을 '따라' 하나님께 나아가는 긍정의 길이다.

카타파시스의 길은 하나님을 말로 붙들고, 개념으로 설명하고, 형상으로 드러내려고 한다. 성경에 나오는 "하나님은 사랑이시다", "하나님은 의로우시다", "하나님은 빛이시다"와 같은 고백들은 모두 카타파시스(긍정)의 길에 해당한다. 성경뿐 아니라 교회 전통, 신조와 교리, 찬송과 예전의 언어들은 카타파시스의 영성을 풍성히 담고 있다. 사도신경은 긍정신학의 대표적인 열매다. 이 길은 그리스도인의 정체성을 확립하고, 신앙의 규범을 결정하고, 공동체를 형성하는 토대이기도 하다.

그런데 하나님은 우리가 하는 사랑을 초월하시고, 우리가 경험하는 정의를 초월하시며, 우리가 아는 존재를 초월하신다. 그래서 고대 교부들은 하나님을 '무지의 깨달음(docta ignorantia), 박학한 무지'를 통해서만 알 수 있는 분이라고 고백했다. '알지 못함으로써 알게 되는 존재'라는 뜻이다. 그리스도교 신비가들은 이런 말을 남기기도 했다. "하나님은 오직 무지를 통해서만, 즉 말하지 않음으로써, 보지 않음으로써, 알지 않음으로써 더 온전히 알 수 있다."(디오니시우스) "하나님을 아는 최고의 길은 하나님을 모른다고 고백하는 것이다."(에크하르트) "우리가 하나님을 가장 잘 아는 순간은 우리가 아무것도 모른다는 것을 깨달을 때다."(쿠자누스)

개신교 전통도 이 길을 모르지 않는다. 십자가의 고통과 침묵 속에 '숨어 계신 하나님'을 강조한 마틴 루터를 통해, 인간의 이성과 언어로 포착할 수 없는 '하나님의 전적 타자성'을 주장한 칼 바르트를 통해, '하나님 앞에서, 하나님과 함께, 하나님 없이 살아가는 것'을 설파한 본회퍼를 통해, '하나님 너머의 하나님'을 주장한 틸리히 등을 통해 부정의 길은 계승되었다.

아포파시스의 길은 이성으로 파악한 하나님을, 그 하나님에 관한 개념을 끊임없이 부정한다. 물론 이때의 부정은 부정을 위한 부정이 아니라 하나님을 좀 더 깊이 경험하고 하나님의 신비에 좀 더 가까이 다가가려는 영혼의 깊은 갈망이다. 따라서 아포파시스의 길은 카타파시스의 길과 함께 반드시 되살려야 하는 그리스도교의 심오하고 아름다운 영성 전통이다. 낮이 있으면 밤이 있는 것처럼, 새가 좌우의 날개로 나는 것처럼 온전한 신앙은 긍정의 길과 부정의 길의 균형으로 이루어진다.

십수 년 전 어느 날, 기도하던 나는 그리스도교 영성의 대가들이 걸었던 길을 나도 걷고 있음을 알아차리며 전율한 적이 있다. 전율과 함께 안도감이 밀려왔다. 그때만 해도 낯설었던 관상기도의 여정이 신앙의 곁길이 아니라 본류라는 사실이 확연해졌기 때문이다. 나는 아주 오래전에 이 길로 초대받고 있었다. 그리고 이 길은 미래를 향해 끝없이 이어질 터였다. 그 길은 오래된 미래였다.

우리는 각종 미디어를 통해 말이 홍수처럼 범람하는 시대에 살고 있다. 수많은 말이 끊임없이 생성되고 소비되지만 영적 목마름을 채워줄 말은 찾기 어렵다. 교회에서조차 교리의 껍질만 두른 상투적인 말들, 세속의 성공을 신앙으로 포장한 말들이 분별없이 쏟아지고 있다. 기도조차 말의 과잉으로 지쳐 있다. 누가 더 오래 기도하는지, 누가 더 크게 부르짖는지를 겨루는 경기장이 되어버렸다. 그곳에는 하나님과 사랑의 대화도, 하나님을 향한 사랑의 응시와 경청도 없는 것 같다. 그러니 하나님과의 관계는 얕고 겉돌 뿐이다. 이 모두 아포파시스의 길에 무지해서 생긴 증상들이다.

아포파시스 영성은 카타파시스 영성의 뿌리며 근원이다. 나무가 대지의 생명과 기운을 빨아들이며 자라듯, 아포파시스의 길을 통해 하나님의 무한한 신비에 닿을 때 구원의 언어들은 생명력을 회복한다. 무미건조한 교리는 살아 있는 신비와 연결되며, 이론에 치우친 신학은 삶의 체험과 연결된다. 중언부언하던 기도는 삼위일체의 신비에 참여하는 단순한 머무름으로 바뀐다. 이를 가능하게 하는 것이 바로 '침묵'이다.

침묵은 아포파시스의 길에서 얻는 최고의 선물이다. 사람들은 침묵을 말의 부재로 생각하지만 그렇지 않다. 오히려 말과 밀접하게 관련된다. 진정한 말은 침묵에서 나오는 메아리 같다. 그리스도교 신앙은 침묵에서 나온 말씀이 세상을 창조했고, 침묵과 함께 있던 말씀이 사람 몸이 되었다고 증언한다. 따라서 침묵에서 샘솟은 말은 하나님처럼 새로운 현실을 창조하고 생명을 불어넣는다. 요즘 신앙의 언어가 경박한 이유는 침묵과 단절됐기 때문이다. 막스 피카르트가 『침묵의 세계』에서 말한 것처럼, "침묵 없는 말을 본다는 것은 중후함이 없는 광대들을 보는 것과 같다."

하여, 말의 세계는 침묵의 세계 위에 세워져야 한다. 침묵의 뒷받침을 받아야 말이 안전하고 평화롭고 자비롭다. 아포파시스의 길에서 경험하는 가장 큰 깨달음은 앞에서 몇 차례 말한 것처럼 침묵의 특징과 하나님의 속성이 같다는 사실이다. 하나님이 완전하신 것처럼 "침묵은 능동적이며 독자적인 완전한 세계다." 하나님이 영원하신 것처럼 "침묵은 창조되지 않은 채 영속하는 존재다." 하나님이 무시무종이신 것처럼 "침묵에는 시작도 없고 끝도 없다." 하나님이 무소부재하신 것처럼 "침묵은 모든 공간을 언제나 완전하게 채운다." 하나님이 나보다 더 나에게 가까이 계신 것처럼 "침묵은 내 몸인 양 느낄 정도로 가까이 있다."

하여, 침묵은 새로운 하나님 경험으로 인도한다. 대상적 하나님 경험에서 비대상적(상태적) 하나님 경험으로, 존재적 하나님 경험에서 현존적 하나님 경험으로, 초월적 하나님 경험에서 내재적 하나님 경험으로, 이원적(dual) 하나님 경험에서 비이원적(non-dual) 하나님 경험으로! 전자가 긍정신학의 하나님 경험이라면, 후자는 부정신학의 하나님 경험이다. 하나님 경험의 패러다임 전환이 일어나는 것이다. 아포파시스의 길에서 만나는 새로운 하나님은 우리를 새로운 기적으로 초대한다.

말기암 판정을 받았을 때, 민 집사는 겨우 48세였다. 딸은 초등학교 1학년이었고, 남편바라기인 아내는 띠동갑이었다. 그렇기에 민 집사는 저주 같은 운명을 받아들일 수 없었다. 이 소식을 전했을 때 목사님은 단호하게 말했다.

"기도하세요. 하나님이 반드시 고쳐 주실 겁니다. 기도는 기적을 일으킵니다."

그는 새벽마다, 기회 있을 때마다 기도에 매달렸다.

"하나님, 제발 고쳐 주세요. 저를 위해서가 아닙니다. 딸은 이제 1학년입니다. 아직 어린 아내를 홀로 남겨둘 수는 없습니다."

교인들도 열심히 중보기도를 해주었다. 용하다는 기도원을 찾아다니며 안수기도도 받고 작정기도도 했다. 특별헌금도 빠뜨리지 않았다. 하지만 차도가 없었다. 여섯 달쯤 지나자 암은 여러 부위로 전이됐고, 통증은 진통제로 버티기 어려울 정도로 심해졌다.

몸도 몸이지만 마음은 더 황폐해졌다. 깊은 불안과 격한 분노가 번갈아가며 괴롭혔다. 하나님이 원망스러웠다. 성경 말씀도, 찬양도 위로가 되지 않았다. 가족들은 수시로 화를 내는 그의 눈치를 살폈다.

그러던 어느 날, 평소에 신앙의 결이 다르다고 느꼈던 지인과 우연히 대화를 나누었다. 그이의 말투는 부드러웠고 눈빛은 고요했다. 민 집사는 그에게 무너진 마음을 자기도 모르게 꺼내 보였다. 그러자 뜻밖의 말을 했다.

"기도하지 마세요."

의아해하는 민 집사에게 그이는 이렇게 말했다.

"아무것도 하지 마세요. 부르짖지도 마세요. 침대 옆에 빈 의자를 하나 놓고, 거기에 하나님이 계신다고 상상하면서 그냥 그 앞에 가만히 앉아 있으세요. 힘들면 누워 있어도 돼요. 아무 말도 하지 말고 그냥 그분의 현존에 머무르세요. 그러다가 온갖 부정적인 생각이 밀려오면 그냥 '주님'이라고 부르기만 하세요."

처음에는 장난처럼 들렸다. 하지만 기도할 힘도 없었기에, 민 집사는 하라는 대로 했다. 며칠 동안은 아무것도 느껴지지 않았다. 하지만 이상하게도, 침묵 속에서 하나님의 현존에 머무르는 시간이 싫지 않았다. 염려, 분노, 원망, 좌절 등 부정적인 감정과 생각에 사로잡힐 때마다 주님의 이름을 조용히 불렀다. 그러면 마음이 평온해졌다.

그러던 어느 날 내면에서 어떤 소리가 들려왔다.

"너는 내 사랑하는 아들이다. 내가 너를 좋아한다."

예수께서 세례받고 물에서 올라오실 때, 하늘에서 들려온 그 음성이었다. 같은 음성이 민 집사의 내면에서 점점 또렷해졌다. 민 집사는 그때 처음으로 깨달았다. 그동안 병 낫는 것에만 집착했지 자신이 누구인지 한 번도 깊이 생각해 본 적이 없었음을! 자신이 예수님처럼 사랑받는 하나님의 아들이라고 생각한 것은 그때가 처음이었다. 이 깨달음은 해오던 기도보다 깊었고, 바라던 기적보다 놀라웠다.

그러자 하나님이 새롭게 느껴졌다. 하나님은 자신이 원하는 대로 병을 고쳐 주는 마술사가 아니었다. 종일 팔을 벌리고 언제든지 만날 준비를 하고 계신 '엄마 같은 하나님'이었다(사 65:1~2). 사랑하는 아들의 고통 가운데 함께 머무르시는 '아빠 같은 하나님'이었다. 문 밖에서 문이 열리기를 학수고대하는 '연인 같은 하나님'이었다. 아, 사랑의 하나님이었다!

그때부터 병이 다르게 보였다. 병 때문에 사랑의 하나님을 만났으니 병은 저주가 아니라 은총의 다른 얼굴이었다. 기도가 바뀌기 시작했다. "제가 져야 할 십자가라면, 이 병이 은총의 통로가 되게 해주세요. 예수님처럼 아들의 길을 걸을 수 있도록 지혜와 용기를 주세요." 전에는 혼자서 병을 감당하는 것 같았는데 이제는 혼자가 아니었다. 엄마 같고, 아빠 같고, 연인 같은 사랑의 하나님이 십자가에서 함께 아파하고 있었다.

기도가 바뀌자 놀라운 일이 일어났다. 민 집사의 눈에 자기처럼 암으로 고통당하는 사람들이 보이기 시작했다. '왜 나만?' 했던 분노는 '나처럼!' 고생하는 사람들에 대한 연민으로 바뀌었다. 민 집사는 그들을 위해 기도했다. 고통을 통한 연대가 감사했다. 통증은 계속됐지만, 마음에는 분노 대신 사랑이, 불안 대신 희망이, 원망 대신 감사가 차올랐다. 그는 진정으로 치유되고 있음을 느꼈다.

생의 마지막 날, 그는 아내에게 이렇게 말했다.

"당신, 알아요? 내가 얼마나 당신을 사랑하는지? 그리고 하나님이 얼마나 우리 가족을 사랑하는지? 슬퍼하지 말아요. 나는 이 고통을 통해 사랑의 하나님을 만났고, 하나님이 만드신 본래의 나를 만났고, 같은 고통에 시달리는 사람들을 만났어요. 나는 죽어도 죽지 않아요. 사랑은 영원하니까."

 민 집사는 삶의 여정을 끝내고 영원한 침묵 속에서 하나님의 품으로 돌아갔다. 그의 얼굴은 평화로웠다. 죽음은 그의 몸을 데려갔지만, 그가 침묵에서 만난 하나님의 사랑은 아내를 통해 사랑의 연대와 섬김으로 이어졌다. 아름다운 기적이었다.

기도, 되기

1판 1쇄 발행 2025년 12월 2일

지은이 이민재

발행인 김정석
편집인 김정수
발행처 도서출판kmc

서울특별시 종로구 세종대로 149 감리회관
(재)기독교대한감리회 도서출판kmc
www.kmcpress.co.kr ☎ 02-399-2008

디자인 시소디자인
인 쇄 천광인쇄사

ⓒ 이민재, 2025.

ISBN 978-89-8430-999-9 03230

- 값은 뒤표지에 있습니다.
- 파본은 구입처에서 교환해 드립니다.
- 이 책 내용의 전부 또는 일부를 이용하려면 반드시 저작권자와 출판사의 서면동의를 받아야 합니다.